【现代乡村社会治理系列】

新乡贤与乡村振兴

主 编 李 慧

副主编 李梦洁

时代出版传媒股份有限公司

安徽科学技术出版社

图书在版编目(CIP)数据

新乡贤与乡村振兴 / 李慧主编. --合肥:安徽科学技术出版社,2022.12(2023.9重印)

助力乡村振兴出版计划.现代乡村社会治理系列

ISBN 978-7-5337-8638-0

Ⅰ.①新… Ⅱ.①李… Ⅲ.①农村-社会主义建设-研究-中国 Ⅳ.①F320.3

中国版本图书馆 CIP 数据核字(2022)第 234138 号

新乡贤与乡村振兴　　　　　　　　　　　　　　　　　主编　李　慧

出 版 人:王筱文　选题策划:丁凌云　蒋贤骏　余登兵　责任编辑:李梦婷
责任校对:李　茜　责任印制:廖小青　　　　　　　　　装帧设计:武　迪
出版发行:安徽科学技术出版社　　　　http://www.ahstp.net
(合肥市政务文化新区翡翠路 1118 号出版传媒广场,邮编:230071)
电话:(0551)63533330
印　　制:合肥华云印务有限责任公司　　电话:(0551)63418899
(如发现印装质量问题,影响阅读,请与印刷厂商联系调换)

开本:720×1010　1/16　　　印张:9　　　　字数:117 千
版次:2022 年 12 月第 1 版　　　印次:2023 年 9 月第 2 次印刷

ISBN 978-7-5337-8638-0　　　　　　　　　　　定价:32.00 元

"助力乡村振兴出版计划"编委会

主　任

查结联

副主任

陈爱军　罗　平　卢仕仁　许光友

徐义流　夏　涛　马占文　吴文胜

董　磊

委　员

胡忠明　李泽福　马传喜　李　红

操海群　莫国富　郭志学　李升和

郑　可　张克文　朱寒冬　王圣东

刘　凯

【现代乡村社会治理系列】

[本系列主要由安徽农业大学、安徽省委党校(安徽行政学院)组织编写]

总主编：马传喜

副总主编：王华君　孙　超　张　超

出版说明

"助力乡村振兴出版计划"(以下简称"本计划")以习近平新时代中国特色社会主义思想为指导,是在全国脱贫攻坚目标任务完成并向全面推进乡村振兴转进的重要历史时刻,由中共安徽省委宣传部主持实施的一项重点出版项目。

本计划以服务乡村振兴事业为出版定位,围绕乡村产业振兴、人才振兴、文化振兴、生态振兴和组织振兴展开,由《现代种植业实用技术》《现代养殖业实用技术》《新型农民职业技能提升》《现代农业科技与管理》《现代乡村社会治理》五个子系列组成,主要内容涵盖特色养殖业和疾病防控技术、特色种植业及病虫害绿色防控技术、集体经济发展、休闲农业和乡村旅游融合发展、新型农业经营主体培育、农村环境生态化治理、农村基层党建等。选题组织力求满足乡村振兴实务需求,编写内容努力做到通俗易懂。

本计划的呈现形式是以图书为主的融媒体出版物。图书的主要读者对象是新型农民、县乡村基层干部、"三农"工作者。为扩大传播面、提高传播效率,与图书出版同步,配套制作了部分精品音视频,在每册图书封底放置二维码,供扫码使用,以适应广大农民朋友的移动阅读需求。

本计划的编写和出版,代表了当前农业科研成果转化和普及的新进展,凝聚了乡村社会治理研究者和实务者的集体智慧,在此谨向有关单位和个人致以衷心的感谢!

虽然我们始终秉持高水平策划、高质量编写的精品出版理念,但因水平所限仍会有诸多不足和错漏之处,敬请广大读者提出宝贵意见和建议,以便修订再版时改正。

本册编写说明

　　党的十九大报告指出,农业、农村、农民问题是关系国计民生的根本性问题。乡村振兴,作为加快推进农业农村发展、实现我国乡村稳定进步的战略决策,需要多重因素的系统作用,而人才毫无疑问是其中最为关键的因素。如何在乡村日益空心化的现状下,为乡村汇聚人才力量,是实现乡村振兴必须思考的重要问题。

　　2018年1月2日印发的《中共中央国务院关于实施乡村振兴战略的意见》明确提出,要积极发挥新乡贤作用,深化村民自治实践,构建自治、法治、德治相结合的乡村治理新体系,确保乡村社会充满活力、和谐有序。新乡贤与乡村有着人缘、亲缘、地缘等关系,拥有较强技能或本领,兼具良好的道德修养水准,且有意愿为乡村发展与进步贡献力量,这些都与乡村振兴的现实需求相契合。新乡贤参与乡村振兴将破解乡村人才短缺的难题,充实乡村发展的建设性力量,有利于助推乡村建设、引领乡村风尚、化解乡村矛盾,为乡村产业、人才、文化、生态和组织的全面振兴提供源源不断的内生动力。

　　《新乡贤与乡村振兴》是"助力乡村振兴出版计划"系列的一个分册。本书第一章和第二章主要阐述了乡贤和乡贤文化的演变历史和发展现状,以及在新的时代背景下新乡贤的内涵和价值体现,新乡贤参与乡村振兴既是乡村社会发展的时代需求,又是传统乡贤治村的现代延续;第三章至第七章从乡村振兴战略的产业振兴、人才振兴、文化振兴、生态振兴、组织振兴五大振兴入手,主要讲述了乡村五大振兴发展的现状、发展方向和建设目标,以及新乡贤参与乡村五大振兴的优势和融入路径,并附以各地新乡贤参与乡村振兴的优秀案例。本书在撰写过程中广泛参阅了国内外相关资料和有关研究成果,如有资料来源标注疏漏,烦请相关作者联系我们。在此,谨向这些资料的作者和本书编辑及校对人员表示感谢。

目　录

第一章　乡贤的"前世今生"

　　乡村是中华文明的根。五千年中华文化,基本载体就是乡村,乡村承载着所有中华儿女美丽的乡愁。回望中华民族几千年的发展历程,我们可以发现乡贤在乡村社会各个层面上忙碌的身影,乡贤文化也成为乡村社会中存续时间最长、影响力最强的一种文化形态。今天的乡村社会是从传统农耕社会演变发展而来的,传统农耕社会的乡绅既源于乡土又植根于乡土,一般都是各个乡村里公认的"书读得最多的精英",他们致力于乡村社会建设、风习教化、乡村公共事务治理等。历史上多将吏治清明和道德品行高尚的乡绅称为"乡贤"。乡贤在乡村社会中具有显著的话语权和影响力,影响着乡村社会建设和治理的方方面面。乡贤文化不仅蕴含着崇德向善、见贤思齐的传统美德,也凝结着古人治理乡村的经验和智慧,是千百年来保障乡村社会和谐稳定发展的重要基石,也是优秀乡村文化的重要组成部分和促进乡村治理优化的关键,更是推动社会主义核心价值观在乡村社会落地生根、涵养文明乡风的有效载体。

　　新时代的新乡贤是乡村社会的新生道德力量,也是乡村发展原生内在动力的延续,具有明显的时代性和现代意义。从乡贤到新乡贤的内涵变化,反映了我国从封建农业社会向现代化社会发展的历史轨迹和时代变迁。进入新时代以来,乡村社会发生的巨大变化催生出新的乡贤群体,这些社会贤达因为天然的乡土情结和较大的资源优势,成为乡村治理和乡村振兴发展中难得的人才资源,构成了当下乃至未来乡村社会发展中可以信赖的依靠力量。

▶ 第一节　乡贤与乡贤文化

乡贤是帝制时代皇权对基层社会间接治理体制下催生的本土概念。在我国历史上，人们习惯把在地方社会建设、风习教化、公共事务中贡献力量的贤达称为"乡贤"，他们或以学问文章，或以吏治清明，或以道德品行而闻名，由此而形成了乡贤文化。

一　乡贤

谈到乡贤，很多人会想到乡绅。在传统社会，特别是农耕文明时代，中国乡村以自然为中心，处于低效循环且平衡的一种状态。在社会文化还没有发生激烈变迁的时候，人们十分相信老一辈人的经验，年轻人从事生产和生活活动需要遵循老一辈人遗留下来的经验，而乡村社会中退休回乡或赋闲居乡养病的中小官吏、科考及第未上任或落榜的学子、当地较有文化或声望的中小地主，以及宗族元老等一批有影响力的人构成的乡绅群体，则通过自己的权势地位对广大百姓进行教化，以达到延续传统经验的目的。

乡绅虽不像官员那样拥有钦命的权力，却拥有基层社会赋予的"天然"权威，这是相对独立于官吏体系之外的非正式权力。他们介于官僚与平民之间，近似于民而身份又在民之上，近似于官又没有官的权力，虽然在野，可是朝中有人，没有政权但有势力，享有政府默许的一部分特权。这些人在国家政权相对不稳固的时期，奔波于政府与百姓之间，在维系乡村伦常关系、协调家庭邻里生活、稳定乡村社会秩序等方面起到了积极的作用。在领导推行乡村社会自治的过程中，只要他们不利用特权侵

夺公产,而是真正用之于公,做有益乡村社会发展的事务,或捐资兴学、修桥补路、大做功德,就可以获得公正绅士的美名,得到村民的赞扬与拥护。

但乡绅群体往往良莠不齐,历史上的乡绅既有乐善好施、扶危济困的开明地主,也有为富不仁、无恶不作的豪绅、劣绅。比如赫赫有名的陕西乡绅李鼎铭,他从事教育事业10余年,还在当地提倡放足、剪发、禁赌,以及破除迷信并兴办学校,在红军长征到达陕北后,他还积极参与革命根据地建设。而四川的大地主刘文彩,他不仅横征暴敛,还制造了不少命案。在文学作品中,周扒皮、胡汉三、黄世仁更是豪绅、劣绅中典型的反面形象。因此,乡绅不能简单地等同于乡贤。

"乡贤"一词,最早出现在东汉时期,作为中国传统文化中特有的概念,它是官方对有作为的官员或有崇高威望、为社会做出重大贡献的社会贤达的尊称,是对其去世后予以表彰的荣誉称号,也是对享有这一称号者人生价值的肯定。因此,乡贤是一个正面的评价,只有那些在历史上留下美名、传播正能量、产生积极影响的人,并通过乡村公议等程序入祀乡贤祠并受到乡人祭拜的人物,才可以称之为乡贤。

随着社会发展和时代变迁,乡贤的指称范围逐渐扩大,乡贤一词的使用日趋频繁。明清之际,通过科举考试获得功名而不为官的儒生和告老还乡的官员成为这一时期乡贤群体的主要构成。他们以自身渊博的学识、公道正直的品德和取得的功名赢得乡民的信任和尊重,协助地方政府教化乡民并参与处理乡村公共事务,诸如挖渠筑坝、架桥修路、抢险救灾等。也是从明清开始,各州县均建有乡贤祠,以供奉历代乡贤人物。

中国传统乡村社会一直有着浓厚的重贤、尚贤的良好风尚。整体而言,在"皇权不下县"的封建社会,乡贤们借助自己的威望、品行、才学主动承担起了凝聚族群、尊祖继俗的职责,他们不仅是乡村社会优良道德

和淳美家风的示范者和引导者,而且还是规范族人和乡民行为的监督者和执行者。他们在打理好本族事务的同时,也在很大程度上承担了组织慈善活动、教化风习、解决纠纷等社会功能,很好地参与了乡村社会的共同治理。乡贤不仅是一种身份,更是一种"修身齐家治国平天下"的入世精神,内嵌于"家国一体"的社会文化结构。在漫长的中国历史进程中,乡村社会建设、风习教化、乡村公共事务管理的主导力量都是乡绅或乡贤之士。

二 乡贤文化

乡贤文化是中华优秀传统文化的重要组成部分,是扎根于中国传统乡村社会的一种文化现象,它是一种以乡愁为基因,以乡情为纽带,以乡贤为楷模,以乡村为空间,以实现乡村经济发展、社会稳定、村民安居乐业为目标的文化形态。国家《"十三五"规划纲要》有关解释指出,"乡贤文化是中华传统文化在乡村的一种表现形式,具有见贤思齐、崇德向善、诚信友善等特点。"这也再一次说明在传统乡村社会的建设和发展中,相较于其他村民,乡贤群体或有着较深厚的文化底蕴,或曾担任过一定的官职,或有着高尚的道德品质,或对当地的发展做出过贡献。他们是乡村社会的道德榜样和精神标杆,是乡村价值观培育的重要源泉。

乡贤文化既具有中华优秀传统文化的特征,又呈现出自己相对独立性的一面,具有明显的地域性、亲善性、人本性和现实性的独特特征,是教化乡里、涵育文明乡风的重要精神力量。特定的文化土壤对一种文化现象的传承发展有着潜移默化的影响,乡贤文化深烙着地域文化印记,诞生于乡村社会,成为离乡游子联系故土和维系乡情的重要精神纽带,由当地乡民公认的生于斯、长于斯的乡贤群体践行引领,基于对本地区风俗、民情的深层次认同,进而成为激发广大乡贤奉献家乡和反哺乡亲

的强大精神原动力。

传统乡村社会以农耕为主,受生产力的制约,在"政权不下乡"的治理传统下,传统村落享有高度的自治权。而正是因为乡贤文化有着天然的地域性和亲善性,以及"以人为本"、关注乡村社会现实的基本属性,其在传统村落中具有强大的向心力、感召力和无形的约束力。正如费孝通在《乡土中国》中所写:"从基层看去,中国社会是乡土性的。乡贤文化就是维系着庞大的中国社会正常运转几千年的基层力量。"

乡贤文化内涵丰富,表现形式多样,渗透在乡村生活的方方面面。随着历代乡贤的事迹、思想、著作的传播和传承,乡贤文化的内涵也逐渐丰富起来,使乡村社会形成了见贤思齐、崇德向善的良好氛围,而传统村落保留下的民居大院、楹联匾额、史料典籍、家谱族谱,抑或是乡规民约、民间传说、民俗节庆等载体,人们无一不能感受到其中乡贤文化的深厚底蕴和独特魅力。积极挖掘并开发乡贤文化资源,重构活化乡贤文化的精神内涵,充分彰显乡贤文化的软实力,不仅能够将乡贤文化的资源优势转化为经济优势和政治优势,也能够为新时代建设新乡贤文化提供历史依据,从而创造出更大的时代价值。

▶ 第二节　新乡贤的内涵和价值

新乡贤是相对于上文所述的传统乡贤而言的。在现代化进程中,乡村社会经济发展相对落后,为了获得更高的经济收入、更好的生活条件,乡村人才外流现象突出,乡村地区"空心化"现象越来越严重,这在一定程度上使乡村陷入了治理无序的困境。在新的时代背景下,新乡贤作为乡村社会的优势资源,非常契合乡村社会发展的现实需求。

一 新乡贤的内涵

近代以来,中国社会与文化发展的历史进程被逆转。梁漱溟先生说:"原来中国社会是以乡村为基础,并以乡村为主体的。所有文化,多半是从乡村而来,又为乡村而设——法制、礼俗、工商业等莫不如是。"传统中国社会是城乡一体化发展模式,就精英人才的流动而言,城乡并无差别。在科举选才的年代,乡村士子,出则为仕,退则为绅,乡间人才辈出,并不因为被科举选拔出来之后就脱离本乡。曾经有过一项关于科举人才出身的调查,统计结果表明,科举出身的人才有一半以上是从乡间而来的。另外,在对有功名人士家族的统计分析中发现,城市和乡村出身的有功名人士数量几乎相等。正是因为人才不脱离草根,才使中国文化能深入地方,也使人才的来源更加广泛而多元。

随着传统中国社会城乡一体化发展模式逐渐被城乡背离化发展模式所取代,使得都市日益繁荣,农村日益衰落,遂造成持续不绝的乡村危机。尤其是在科举被废除后,乡村的教育几乎是悬空的状态,这也造成乡土人才向城市的单向流动。洋秀才都挤在城里,而出自乡村中的精英、贤士,他们大多也失去了对家园的依恋、乡愁和建设家乡的冲动。乡间正绅、良绅越来越少,于是造成了劣绅、豪绅充斥乡村社会的局面。乡贤或乡绅力量继替的制度发生了历史性断裂。

因此,面对乡村经济衰退、乡村社会失序、乡村文化衰落的局面,20世纪 30 年代的中国知识界曾发起乡村建设运动、农村复兴运动、乡村复原运动等,试图通过社会运动方式扭转乡村社会急速衰败的趋势。但是,由于城乡背离化发展的历史进程未曾逆转,乡村社会文化重建的效果不彰。

随着我国现代化和城市化进程的加速发展,以及国家在政策上对农村的重视,近代以来的城乡背离化发展态势开始得以逆转。在社会主义新农村建设的战略思想指导下,全国各地按照统筹城乡经济社会发展的要求,把新农村建设纳入当地经济和社会发展的总体规划。"新农村建设"在社会主义物质文明、精神文明、政治文明、社会文明和生态文明五大文明建设中,也获得了属于自己的新的时代内涵。正是在这一具有重大战略性历史转折的实践进程中,"新乡贤"文化建设以其深厚的历史传承和创新性的当代建构,成为社会主义核心价值观引领下的时代诉求。

新乡贤虽然根植于以"见贤思齐、崇德向善"为根本价值追求的传统乡贤文化沃土,但较之传统乡贤有其自身独特的历史意义和时代内涵。当前我国已经进入中国特色社会主义新时代,在实现中华民族伟大复兴的时代背景下,贫困乡村正逐渐消除,乡村治理状况也逐步得到改善,在这一过程中涌现出了新时代的新乡贤。所谓新乡贤,是指在社会主义现代化建设新时期,与特定的乡村有一定关联、积极践行和弘扬社会主义核心价值观、支持农业农村现代化建设的贤达之士。

具体而言,成为新乡贤需要具备五个要素性条件。

一是身份要素。一般情况下,新乡贤要么是本乡本土之人,要么与特定乡村有特定的关联,即在身份上具有一定的本土性,与乡村有着紧密的血缘、地缘、业缘等关系。

二是品德要素。传统乡贤一般是按照儒家思想和乡规民约为人处世,而新乡贤应是社会主义核心价值观的积极弘扬者和践行者,能够以自身的嘉言懿行垂范乡里,涵育文明乡风。

三是能力要素。新乡贤大多事业有成,或有资本,或善管理,或懂市场,或有一技之能,或有丰富的知识。基于以上能力,他们能够在诸如教育、医疗、经营、管理、专业技能与生产等方面促进乡村社会发展。

四是声望要素,即影响力。传统乡贤在治村的过程中更多是立足于

家族、宗族等血缘、地缘基础上的权势、财富、力量等要素,他们的影响力来源于对传统乡村区域内各种资源的掌控,而新乡贤则较多基于自身的学识、业务、技能等获得号召力与影响力,并受到民众的认可、信服和敬重,口碑好、威望高、知名度高,同时得到地方政府的认可和支持。

五是贡献要素。新乡贤往往为特定乡村的公益事业、文化进步或建设发展做出过突出贡献。在实践层面,对地方经济、社会、文化等的贡献大小,是衡量个人能力的重要标尺,也是个人获得社会声誉的重要支撑。

因此,在本书中我们认为,新乡贤就是指在新时代背景下,与乡村有着紧密的血缘、亲缘、地缘、业缘等渊源,拥有较强的技能、本领或较多的财富、资源,兼具较高的道德修养水平,基于桑梓情怀从而有强烈意愿投身乡村社会治理、为乡村发展进步贡献力量的人士。

从前文对新乡贤内涵的分析可以看出,新乡贤群体具有多维性,由于各类主体的生活居住环境、身份地位、职业、特长不同,因此在理解新乡贤群体对乡村经济社会发展的积极作用之前,有必要深入分析新乡贤群体的构成情况。当然,角度不同,对新乡贤群体的分类方式也就不同。本书主要介绍三种分类方式。

传统学者根据新乡贤群体发挥的作用,将这一群体更加简单地划分为德贤、商贤、学贤、官贤、侨贤。德贤指的是乡村的道德模范、德高望重的老人、时代楷模、文化精英、非物质文化遗产传承人等;商贤主要指一些企业家、致富能人、创业经营者;学贤指的是乡村的大学生、专家、学者、教授、科技工作者、文化志愿者、技术能手等;官贤指的是村内的退休老干部、大学生村干部、第一书记;侨贤则是指华人、华侨。

也有学者根据新乡贤群体所在地域,联系他们在乡村文化振兴工作中的利益取向与作用发挥方式等,将他们划分为回乡型新乡贤、侨居型新乡贤、输入型新乡贤、内生型新乡贤。回乡型新乡贤是指生长于本乡村,因离乡发展,取得不小成就,由于怀有深厚的乡村情感,返乡后以自身现有成就为家乡建设做出贡献的人士;侨居型新乡贤是指在本乡长大、在乡外发展,以投资等不回乡的方式推动家乡经济和文化建设的新乡贤人士;输入型新乡贤是指由国家依据相关政策输入至本地的人才、干部,其在乡村各方面建设中贡献力量;内生型新乡贤则是指土生土长于本地、具有良好的道德品质,热心助人、热心公务,富有正义感,为村民所信服的对象,因此在乡村文化建设工作中具有权威性。

而根据新乡贤对乡村经济社会发展发挥的功能来看,又可以将他们划分为技能型新乡贤群体、治理型新乡贤群体、产业型新乡贤群体、资源型新乡贤群体四类。

技能型新乡贤群体,他们在珠三角、长三角等地就业多年,学成特定的技能并积累了一定的资本,最能够发挥"头雁"作用;治理型新乡贤群体,他们通过在外就业、外出求学等方式取得一定的现代化管理经验,回乡后参与乡村自治管理组织,并在组织中发挥先锋带头作用。因为这一群体多以在外求学的大学毕业生为主,他们普遍学历高,管理能力也更现代化,通过成为大学生村干部参与村"两委"工作,从基层治理层面推动乡村经济发展;产业型新乡贤群体,他们大多是外出打工并创业成功的企业家。返乡后,他们可以通过产业投资带动乡村经济发展,也可以通过投资乡村基层设施和公共文化事业来促进乡村社会建设;资源型新乡贤群体,他们主要是拥有一定的政治、经济和社会资源,在退休或休闲期回家乡贡献力量的群体。

无论以何种方式对新乡贤群体进行划分,都很难做到完美或者严格,因为很多时候乡贤们都是"身兼多职"的,对新乡贤群体进行分类只是便于我们更好地理解他们对于乡村经济社会发展的积极意义。对于新乡贤群体而言,分类能帮助他们找准自己的定位,更好地施展自己的理

想抱负;对于基层政府而言,可以更有目的性地培育、挖掘和引导新乡贤群体,更大限度地发挥他们的作用。

二 新乡贤的价值

"三农"问题是关系国计民生的根本性问题,新乡贤作为乡村拥有影响力和号召力的特殊人才群体,是新时代我国农业农村改革和乡村振兴的重要社会力量,是乡村社会发展的内在驱动力,可以说,新乡贤参与农业农村改革、参与乡村振兴能够有效缓解乡村人才短缺的难题,能够充实乡村发展的建设力量,有利于引领文明乡风、重构乡村秩序、助推乡村社会建设。

新乡贤是引领文明乡风的重要力量。新乡贤有传承乡村优秀文化的文化自觉,他们不仅重视乡村农耕文明和历史遗迹的保护和发掘,也能够自觉赋予乡村文化新的时代内涵,彰显乡村文化的积极作用;新乡贤也有助推乡村社会公共文化建设的行动自觉,他们利用自身的资源优势,促进社会公共文化资源向乡村倾斜,加强乡村思想文化阵地建设,强化乡村民众的社会责任意识。可见,在乡村振兴中充分发挥新乡贤的价值导向作用,有利于乡村优秀文化传承和乡村社会公共文化建设,对夯实乡村文化基础、引领乡村德行教化、提升村民精神文化追求、培育积极向上的文明乡风有着积极作用。

新乡贤有助于重构健康稳定的社会秩序。随着我国城市化进程的加快,价值观念日益多元化,乡村传统道德伦理观念受到一定程度的冲击。在金钱和物质利益的引诱下,享乐主义、功利主义等思想滋生,讲礼仪、厚风俗、重义轻利、守望相助等传统美德受到侵蚀,赌博、拜金等道德失范现象开始出现,封建迷信活动等影响乡村秩序的不稳定因素仍然存在,这些都成为乡村社会秩序的安全隐患,成为乡村社会矛盾的隐忧,不仅使乡村民众生活的安全感和幸福感降低,还在一定程度上影响了乡村社会的稳定。而对于一般乡村民众而言,情感相较于法律而言更容易被接受。新乡贤作为乡村中较有威望的人士,通过"动之以情,晓之以理"的劝说比刚性法治更易于协助化解乡村邻里之间的矛盾纠纷。因此,新乡贤一方面可以通过发挥他们的亲缘关系、社会威望、人生阅历等各方面的优势,参与化解乡村百姓间的矛盾纠纷,助力平安乡村建设;另一方面他们可以通过成立"新乡贤理事会""新乡贤参事会"等组织,对乡村基层党组织发挥补位和辅助作用,弥补基层政府和自治组织在公共决策、公共服务、公共管理等方面的不足,协助应对乡村问题,成为维护乡村秩序、实现社会稳定的重要力量。

新乡贤提振乡村活力,助推乡村社会建设。立足地域特点,新乡贤利用资金、技术、信息、市场等优势,积极促进地方产业发展和转型升级,促进乡村各类专业协会和经济合作组织建设,带动当地优势产业实现规模化经营。利用地域优势,促进形成特色鲜明的地方文化旅游、文化休闲产业。同时,因为特殊的亲缘、地缘关系,新乡贤对乡村既熟悉又有感情,较其他群体更了解村民意愿,因此可结合乡村发展实际,对乡村基础设施建设、公共服务提升、生态环境保护等提供意见、建议,进一步美化村容村貌,提振乡村活力,助推乡村社会建设。

第二章 新乡贤与乡村振兴

实施乡村振兴战略是新时代解决"三农"问题的总抓手。乡村振兴战略是我国推进农村税费改革、新农村建设、城乡一体化改革后的又一重要战略决策，它在新的起点上总结过去、谋划未来，深入推进城乡一体化发展，为乡村发展提出了新要求并描绘出新蓝图。新时代，我国社会的主要矛盾已经转化为人民日益增长的美好生活需要和不平衡不充分的发展之间的矛盾，而随着工业化进程的快速发展和城市化的深入推进，我国城乡出现分化，农村发展也出现分化。目前，最大的不平衡是城乡之间发展的不平衡和农村内部发展的不平衡，最大的不充分是"三农"发展的不充分，解决这一新的社会主要矛盾需要乡村振兴战略的助力。现阶段，随着城乡居民收入的不断增长，广大人民对新时期农村的建设发展存在很多期待，实施乡村振兴战略，正是呼应了全国城乡居民发展的新期待。践行以人民为中心的基本理念，把农业产业搞好，把农村保护建设好，把农民发展进步服务好，进而才能促进农业现代化发展、社会主义新农村建设及农民科技文化进步。

乡村振兴，关键在人。乡村空心化和精英人才的流失是当前乡村振兴面临的诸多挑战之一，如何打造一支懂农业、爱农村、爱农民的主力军并共同致力于实现产业兴旺、生态宜居、乡风文明、治理有效、生活富裕的乡村振兴总要求，是强化乡村振兴重要人才支撑的关键所在。新乡贤作为在经济、文化、教育等领域有影响、有贡献而又热心家乡建设的特殊人才群体，能够为乡村社会建设发展建言献策，是新时代我国乡村振兴

的重要社会力量。

第一节　乡村社会发展的时代需求

　　乡村是具有自然、社会、经济特征的地域综合体,兼具生产、生活、生态、文化等多重功能,与城镇互促互进、共生共存,共同构成人类活动的主要空间。乡村兴则国家兴,乡村衰则国家衰。我国人民日益增长的美好生活需要和不平衡不充分的发展之间的矛盾在乡村最为突出,我国仍处于并将长期处于社会主义初级阶段,它的特征很大程度上也表现在乡村。除此之外,全面建成小康社会和全面建成社会主义现代化强国,最艰巨、最繁重的任务在农村,最广泛、最深厚的基础在农村,最大的潜力和后劲也在农村。实施乡村振兴战略,是解决新时代我国社会主要矛盾、实现"两个一百年"奋斗目标、实现中华民族伟大复兴的中国梦的必然要求,具有重大的现实意义和深远的历史意义。

一　乡村发展的现实需要

　　农村土地广袤、人口众多,农业为人们的生活提供基础性的保障,因此,农村、农业、农民的重要性不言而喻。40多年的改革开放,中国经济得以快速发展,"三农"问题也日益得到重视,特别是党的十九大以来,社会主义新农村建设得到全社会的广泛关注和国家的高度重视,加快补齐农业农村短板已经成为全党全社会的共识。当前,经济长期向好的基本面和强农惠农富农政策体系的完善极大地促进了"三农"工作的快速发展,而农村改革和城乡一体化的深入推进,也将进一步激发农村发展活力,为促进农民增收和农村繁荣提供持续动力。可以说,"三农"工作迎来了

前所未有的机遇。

我国农业农村发展的外部条件和内在动因随着时代的发展发生了深刻的变化,农业、农村、农民在经济社会发展中遇到的新问题、面临的新状况如何解决,将直接影响我国社会主义现代化建设的顺利进行和乡村振兴战略的顺利推进,从而影响实现中华民族伟大复兴的进程。而要解决这些新问题和新状况,就必须正视农业农村发展过程中存在的现实困难和挑战。

农业产业结构相对单一,农民增收困难。近些年,农村农业机械化水平逐渐提高,农业产业化经营也进一步发展。但从全国范围看,随着越来越多的农村年轻劳动力流向城市,农村中老年人成为从事农业生产的主体,他们在农业生产中习惯沿用传统生产模式,造成农村产业结构相对单一、产业链条短的现状,无法形成规模化经营。另外,由于村民们对市场需求缺乏足够的了解和预判,盲目种植,容易造成产销对接不畅,农产品销路受限。同时,我们应该看到,虽然农作物看上去增产了,粮食价格也较以往增长不少,但种子、化肥、农药等农资价格及机械化过程中的雇用费和机械费等也在大幅度提高,因此,农民的农业生产收入实际上增长有限。而农村劳动人口向城市转移后,其在第二、第三产业中受到了大量的实惠,使得农民耕地收入在整个家庭收入中的比重下降,这些都严重打击了农民的生产积极性,也在一定程度上影响了农业生产的稳定性。

乡村基础设施建设不完善。目前,乡村住房品质有显著提高,宽敞明亮的砖瓦结构房屋正逐步取代农村危旧老房,房屋的内部设施和卫生条件也明显改善,但在其他生活辅助设施的建设上还存在落后与不足。"村村通"工程已经实施了 20 余年,在"要想富,先修路"理念的影响下,农村现有水泥路和柏油路的覆盖率很高,为农村经济社会发展提供了极大的便利,但由于农村农用车和大型货车使用率高,频繁地碾压对道路造成了不同程度的损坏,且"村村通"公路普遍存在路面宽度不够的问题,随着农村车辆的增多,不仅给车辆会车带来不便,也给村民出行留下了安全隐患。此外,为进一步改善农村环境卫生,国家加大了农村户用厕所的改造力度,在国家优惠政策的扶持下,室内水厕、室外旱厕等新型卫生厕所进入寻常百姓家,但与之相配套的农村排污系统覆盖率却不乐观,无法支撑农村现实需求,也在一定程度上影响农村生态环境的改善。

乡村各类人才短缺。农业机械化大大提高了农业生产效率,使大量农村劳动力从农业生产中解放出来,更多的中青年劳动力选择到城市寻求发展,最终只有儿童和老人留守乡村。农村劳动力老龄化加速,青壮年劳动力缺乏,尤其是专业型、技术型、创新型人才更为紧缺。"谁来种地"的问题逐步显现,实现农业可持续发展任重道远。随着城镇化的进一步发展,城乡二元结构问题突出,城乡差异依然存在,农村基础设施尚不完善,生活条件相对落后。对于年轻人来说,城市意味着更高的生活质量、更多的发展机遇,乡村在某种程度上无法满足他们对于理想的追求。因此,农村学子在大学毕业后愿意回到农村建设家乡的比例不高,这就使得乡村中从事农业生产、农村建设和基层治理的各类人才严重短缺,这在一定程度上不仅制约着农业新技术、新产业、新模式的推广,也让农业现代化发展缺乏重要的动力源泉。

新时期我国农业农村发展机遇与挑战并存、希望与困难同在,实现农业持续进步、农村稳定发展、农民安居乐业的任务依然艰巨。我们必须牢固树立强烈的短板意识,凝聚各方力量,不断创新工作思路,落实新发展理念,集中精力解决当前乡村发展所面临的问题,合理开拓农业农村工作新局面,而一切发展的关键在于人才。新乡贤作为乡间邻里中能力突出、声望较高的贤达,是真正懂农业、爱农村、爱农民的一支难得的乡

村内生力量,他们可以充分利用自身在文化、技术、知识、产业、经济等资源方面的优势,解决当前乡村经济社会发展中遇到的新问题、面临的新状况,在农业产业模式升级、农业技术更新换代、农村基础设施改善、农民科学文化素质提升等方面发挥积极的作用。

（二）乡村振兴的政策扶持

党的十九大报告中,以习近平同志为核心的党中央提出全面实施乡村振兴战略,把解决好"三农"问题作为全党工作的重中之重,全面推进我国农村现代化进程。2018年的中央一号文件提出:到2050年,乡村全面振兴,农业强、农村美、农民富全面实现。稍后的中央农村工作会议进一步明确了实施乡村振兴战略的目标任务。2018年3月发布的政府工作报告再一次指出,要坚持实施乡村振兴战略,推动农村经济、社会、政治等的全面发展。至此,乡村振兴战略成为国家对乡村发展实施的重大战略。2022年10月发布的党的二十大报告指出,要全面推进乡村振兴,坚持农业农村优先发展,坚持城乡融合发展,畅通城乡要素流动。从"实施乡村振兴战略"到"全面推进乡村振兴",意味着乡村发展进入了新时期。

乡村振兴要求从重塑城乡关系、巩固和完善农村基本经营制度、深化农业供给侧结构性改革、坚持人与自然和谐共生、传承发展农耕文明、完善乡村治理体系、打好精准脱贫攻坚战7个方面破解"三农"问题。乡村振兴不仅仅是经济产业上的振兴,还要在组织管理、生态环境、文化教育、民生医疗、人才引进上实现振兴,走城乡融合发展之路,走乡村绿色发展之路,走可持续发展之路,以期让"农业强起来,农民富起来,农村美起来"。我们要深刻理解和把握乡村振兴战略的科学内涵,在推进乡村振兴战略进程中不断深化城乡一体化发展,推进农村产业现代化发展,完善农村的基础设施和公共服务建设,提高农村居民的生活水平,以城乡

融合的途径实现乡村振兴。

乡村振兴,产业兴旺是乡村形成自我造血能力的关键所在。推动农业农村发展的关键是实现农村产业发展,这也是农村实现可持续发展的内在要求,而发展现代农业是产业兴旺的重要内容,其重点则是要通过引入新理念、新技术、新模式推动农业产品、技术、经营和管理创新,提高机械化、信息化、标准化、组织化水平,推进现代农业加快转型升级。产业兴旺不仅要实现农业发展,还要丰富农村发展业态,促进农村一二三产业融合发展,更加突出以推进农业供给侧结构性改革为主线,提升供给质量和效益,推动农村农业发展提质增效,更好地实现农业增产、农村增值、农民增收,真正打通农村产业发展的"最后一公里",为农业农村实现现代化奠定坚实的物质基础。

生态宜居是乡村振兴的基础,是提高乡村发展质量的保证。生态宜居的内容包括:村容整洁,村内水、电、路等基础设施完善,以保护自然、顺应自然、敬畏自然的生态文明理念为基础,提倡保留乡土气息、保存乡村风貌、保护乡村生态系统、治理乡村环境污染,实现人与自然和谐共生,让乡村的环境变得更美丽。乡村振兴战略提出要建设生态宜居的美丽乡村,更加突出了新时代重视生态文明建设与人民日益增长的美好生活需要之间的内在联系。乡村生态宜居的内核是倡导绿色发展,是以低碳、可持续为核心,是对"生产场域、生活家园、生态环境"为一体的复合型"村镇化"道路的实践打造和路径示范。美丽乡村是美丽中国的起点和基础,打造看得见未来、留得住乡愁的生态宜居的美丽乡村,是乡村振兴战略中的重要一环。

乡风文明是灵魂,是乡村振兴的重点。培育文明乡风是乡村文化建设和乡村精神文明建设的主要内容,乡风文明建设不仅包括促进农村文化教育、医疗卫生等事业的发展,提升农村基本公共服务水平,也包括大

力弘扬社会主义核心价值观,传承遵规守约、尊老爱幼、邻里互助、诚实守信等乡村优良习俗,还包括充分参考国内外乡村文明建设的优秀成果,与时俱进地促进乡风文明。实现乡风文明要大力实施农村优秀传统文化保护工程,深入研究挖掘农村优秀传统文化的历史渊源、发展脉络,尤其要注重挖掘民间蕴藏的丰富的家风家训资源,充分发挥家风家训在农村家庭建设、家庭教育中的重要作用,让好家风、好家训成为农民群众内化于心的行动遵循,并养成传承弘扬优良家风家训的行动自觉,为乡村经济社会发展营造良好的精神文化氛围。

治理有效是推动农村稳定发展的基本保障。只有乡村治理有效,才能为产业兴旺、生态宜居、乡风文明和生活富裕提供健康有序的环境,乡村振兴战略的实施效果才能更好。新时代要致力于建立和完善党委领导、政府负责、社会协同、公众参与、法治保障的当代乡村社会治理体制,健全自治、法治、德治相结合的乡村治理体系。也就是说,新时代的乡村治理更加强调国家和社会之间的有效整合,不仅要充分利用村民自治以来积淀下来的现代乡村治理资源,也要毫不动摇地坚持依法治村的法律思维底线,同时充分发挥传统乡村延续至今、经久不衰的治理经验和智慧,形成以党建为引领、多元治理主体相辅相成互为补充的现代乡村治理格局。治理有效,是国家治理体系和治理能力现代化的客观要求,有利于在完善"三治"融合的基础上进一步激发乡村社会活力,推进村民自治实践,建设平安乡村,为乡村振兴战略营造和谐有序的环境。

生活富裕是乡村振兴的目标,乡村振兴的实施效果要用农民富裕水平来评价。改革开放40多年来,中国经济社会发生了历史性巨变,农村经济社会同样如此,农民的基本温饱问题已经得到彻底解决,现阶段,我国也如期实现了全面建成小康社会的目标。但是在中国的工业化和城镇化进程中,存在靠农业为工业提供积累、农村支援城市的过程,这使得城乡发展的不平衡问题愈发突出,尤其是广大农村地区发展不平衡不充分的问题日益凸显,如何缩小直至消除城乡发展的不平衡,满足农民在经济社会发展过程中对美好生活的诉求是当前需要直面和解决的现实问题。因此,必须要通过农村农业的现代化发展,努力实现农民收入较快增长,持续缩小城乡居民之间的贫富差距,向实现全体人民共同富裕的目标迈进。

正确理解和把握乡村振兴的科学内涵,能够有效保障乡村振兴战略目标的实现。当前,中国经济发展取得举世瞩目的成就,为了争取更进一步的发展,我们需要正视并补齐发展中的短板,而乡村经济社会发展就是我们现代化建设进程中的一块"短板"。乡村振兴战略就是基于当前农业农村的发展现状而提出的重大发展战略,不过,乡村振兴战略的具体实施、乡村振兴战略科学内涵的实现,不是依靠简单地喊口号就能实现的,而是需要广大人民群众的大力支持,需要充分发掘乡村内生人才力量。2015年中央一号文件提出"创新乡贤文化,弘扬善行义举,以乡情乡愁为纽带吸引和凝聚各方人士支持家乡建设,传承乡村文明","新乡贤文化"也被写进《"十三五"规划纲要》和《乡村振兴战略规划(2018—2022年)》中,提出要培育富有地方特色和时代精神的新乡贤文化,有效引导和发挥新乡贤在乡村振兴,特别是乡村治理中的积极作用。

新乡贤参与乡村振兴,是顺应当前农业农村发展的现实需要,也是乡村振兴战略实施的时代要求。反之,乡村振兴战略的实施也为新乡贤群体在广袤农村大地发挥作用提供了政策支持和保障。传承与创新乡贤文化,留住乡村的"灵魂"已经成为社会共识,新乡贤成为社会公认的乡村振兴战略实施的内驱动力和人才支撑。乡村振兴需要社会各界人士的共同参与,鼓励新乡贤投身于乡村经济社会建设中来,就需要为新乡贤参与乡村振兴搭建平台、畅通渠道,建立有效的激励机制和保障机制,健

全城乡融合发展体制机制和政策体系,吸引更多的退休干部、企业家、技能人才、专家学者等参与到乡村振兴的伟大事业中。新乡贤为乡村振兴人才队伍注入新的活力,为新农村建设提供精神动力和智力支持,也正是在乡村振兴战略的政策扶持下,新乡贤在推进农业农村现代化建设中将拥有更大的施展空间,有效助力农业成为有奔头的产业、农民成为有吸引力的职业、农村成为安居乐业的美丽家园。

▶ 第二节 乡贤治村的历史传统与时代价值

在漫长的中国历史进程中,乡贤作为乡里有文化、有见识、德行高尚的人,在乡村社会建设、风习教化、乡里公共事务管理等方面都发挥着重要作用,由此形成了具有鲜明地区特色的传统乡贤文化。而在新的历史条件下,我国深入推进社会主义新农村建设,党的十九大以来,乡村振兴战略开始实施,各地涌现出一批批新乡贤,他们或以自己的聪明才智带领乡亲们脱贫致富奔小康,或反哺乡村、参与乡村治理,促进乡村自治与基层和谐,或以身作则传承家风,感染和教化百姓,滋养和润泽乡风。新乡贤文化以其深厚的历史传承和创新性的当代建构,成为社会主义核心价值观引领下的时代诉求。在新的时代背景下,新乡贤是乡村振兴战略实施不可或缺的内生动力和人才支撑。

一 乡贤治村的文化传统

乡贤参与治村有着深厚的历史渊源。在中国封建社会,国家有着"皇权不下县"的治理传统,中央政府对乡村既无有力的渗透管理,也无应有的财政投入,乡村的治理、建设与中央政府基本上属于零相关的状态。在中央集权下，郡县以下的乡土社会形成以族长、乡绅等精英为主导力量进行自治的模式。在这个过程中，乡绅群体充分发挥其在地方治理中重要的社会中介作用，他们向上与各级官员沟通，向下把政策、要求等传达给寻常百姓，对维持乡土社会的正常运转及礼俗文化的传承具有重要的意义。同时，乡绅群体也展现出了高度的使命感和难能可贵的担当精神。

中华民族自古以来就有"尚贤""重能"的优良传统，从而形成独具地方魅力和特色的乡贤文化。乡贤作为传统乡土社会治理的主体，通过对上协助地方官府交粮纳税、对下组织乡村社会公共管理。在乡贤群体的支持和维系下，朝廷得以推行"礼主法辅"的德治教化模式，乡村仅靠这一群体就维持了基本地方自治和社会自我管理。

到了清末，随着封建政权的土崩瓦解，新政开始实施，通过在乡村设立保甲制度，将国家政权体制移植到传统的乡村治理体系中来，进一步强化了国家政权在乡村社会中的存在价值。尽管国家政权体制设置的初衷如此，但在乡村社会的实际发展中，国家政权并没有真正有效渗透进去，族权和绅权在乡村社会治理中依然发挥着根深蒂固的作用。但是随着封建帝制的瓦解和科举制度的废止，乡绅群体逐渐退出乡村社会治理的历史舞台，他们或隐居乡野，或进入城市成为近代工商城市中的绅商。正是乡绅群体在这一历史背景下的缺位或错位，给了各类豪强地主、土匪、恶霸等可乘之机，在一定程度上导致了乡村治理中的种种乱象，各种矛盾迅速激化，对乡村社会的发展造成了极大的伤害。

随着新中国的成立，在建设社会主义制度的过程中，国家通过农业合作化运动和高度集中的人民公社体制将乡村社会管理纳入国家体制范畴，建立了党政合体的一元化领导形式。在这种组织架构和领导形式下，国家有效实现了对乡村社会的直接领导，能够深度整合和高度动员

乡村社会参与社会主义建设,农民也能够通过党支部和生产队长的领导直接且充分感受到国家的权力。但正是由于这种党政合一的一元化领导形式,不可避免地产生了一系列问题,使社会发展的潜能受到抑制、乡村社会自治的空间越发狭窄,也使乡贤群体发挥作用的机会日渐减少,乡贤文化趋于沉寂。改革开放以后,国家基层政权机关保留到乡镇一级,村一级实施村"两委"框架下的村民自治。随着农业税的取消,村级党政组织的职能开始从代表国家督促农民缴粮纳税向村庄管理转变。国家治理框架的变化和社会经济的发展,给乡村社会带来极大的改变,也为乡村社会多元主体参与乡村治理提供了更多空间和可能。

进入新时代以来,中国社会经济全面发展,乡村社会的经济结构也发生了翻天覆地的变化。在这种背景下,与乡村社会有着血缘、地缘、业缘的退休干部、退伍军人、知识分子、企业家、技术能人等乡村精英又形成了新时代的乡贤群体,这些留在乡村的致富能手和返乡的社会贤达,凭借其自身的知识、技术、文化、资金等资源优势成为农村发展和乡村治理弥足珍贵的人力资源,他们也构成了当前乃至未来乡村社会治理中可以依靠的重要力量。党的十九大以来,国家治理体系和治理能力现代化建设提上日程,当前乡村治理更加注重多元主体共同参与,强调激发乡村内生动力合作共治,这为新乡贤群体参与现代乡村治理提供了更广阔的制度平台和政策空间。

乡贤在国家漫长的历史进程和社会发展中,几经浮沉,但毋庸置疑的是,他们是中国乡土社会中连接政府和村民的重要纽带,是维持中国乡土社会千百年来平稳运转的重要力量。乡贤是乡土之魂,他们既是解决纠纷、化解矛盾、操办实务的领导者,又是村民利益的维护者、乡村秩序的规约者,还是乡村伦理的维护者。他们用自己的力量维持乡土社会的运行和发展,也让中国数千年的农耕文明得到了良好的传承和发展。

而传统乡贤治村的理念、方法、资源即使在今天仍有传承和沿用的重要价值,它扎根于中国乡村,是劳动人民勤劳和智慧的结晶,更是中华优秀传统文化的重要组成部分。简言之,传统乡贤文化是教化乡里、维系秩序、捐资助学、涵育乡风的一支重要的精神力量,传统乡贤治村的文化传统也成为今天新乡贤治村的文化基因和精神动力。

二 泽被桑梓的乡土情怀

树高千尺不忘根,人行万里不忘本。家庭是中国乡土社会中农民社会认同的基础单位。费孝通先生认为,中国家庭的概念具有较强的伸缩性,"公"和"私"的界限并非清晰、明显和固定的。中国乡土社会的结构是一根根由私人联系所构成的网络,人们以己为中心,和别人所联系成的社会关系,像石头投入水中产生的波纹一样,一圈圈推出去,形成了一种差序格局。正是在这种差序格局的影响下,中国乡土社会关系由家庭、家族延伸出去,形成一种熟人社会,基于亲情血缘的相互扶持、守望相助也延伸为乐善好施、扶危济困的中华民族传统美德。

家乡对于每一个人都有着特殊的含义。无论走到哪里,对于家乡都有着难以割舍的情感,心头始终有着浓浓的乡情和依恋;无论走多远,最让人魂牵梦绕的地方仍然是家乡。正是因为这样一份乡情、乡愁,对于家乡的发展和建设,每个人都不可能作为旁观者和局外人。中国人自古以来就有反哺桑梓、泽被乡里的文化传统,他们从乡间走出,或出仕,或治学,或经商,在长期的奋斗中,各有建树,成为某一领域的精英,但都怀着浓浓的乡情。乡情不仅是一种思乡的情怀,更是一种回馈家乡、建设家乡的精神指引。中华五千年的传统文化中一直有"鸦有反哺之义,羊有跪乳之恩"之说,讲的就是人要心怀感恩、饮水思源,泽被桑梓的乡土情怀正是新乡贤反哺家乡最重要的内生因素,这种乡土情怀也成为新乡贤助力

乡村发展、促进乡村有效治理的重要精神力量。

　　中国人自古以来就有浓厚的乡土意识和乡土观念,造福桑梓就是其中最具有代表性的观念之一。古往今来,中华大地上到处都流传着爱乡人士回馈乡里的佳话。古有官员告老还乡后兴修水利、开办书院,发挥余热造福一方;今有大批成功人士返乡捐资助学、投资创业援建家乡,助推美好乡村建设。作为一个后发国家,面对从传统社会向现代社会转型不可逆的发展潮流,中国不可能像西方发达国家那样通过对外殖民扩张的方式进入现代化,唯有采取对内积累的手段,其结果便是对乡村空间的不断挤压。乡村承担着工业化资本积累和城镇化建设目标达成所需要付出的现实成本和代价,对现代化发展张力予以内化和分解,而这种不平衡发展引发了诸如乡村生态环境破坏、传统文化日渐凋零、人际关系紧张、传统组织功能弱化、优秀人才外流等问题。其中乡村优秀人才外流是典型现象之一,正是在这个人类历史上规模最大的工业化和城市化的进程中,数以亿计的人口从农村流入城市,他们中的很多人都可称为乡村精英。在建设城市的过程中,他们也不断形成和提高自己的人力资本,为家乡发展"提供一条思路、开启一点民智、拓展一方言路"准备了条件。

　　在加快推进农业农村现代化发展、实施乡村振兴战略的新时代,国家、政府和社会各层面纷纷意识到人才是发展的基础和关键,发掘更多有能力、有志向、有情怀的人才共同致力于乡村社会经济的建设和发展是重中之重。新乡贤作为从地方走出来的有识之士,就是其中一支重要的人才力量,他们的价值取向、思想观念、知识视野和技术财富是地方经济社会发展的重要资源。正是基于文化基因中的泽被桑梓、反哺家乡的乡土情怀,新乡贤群体饱含乡情、满怀恋农情结,在家乡的热土上,通过各种方式,支持家乡建设,助推乡村振兴。村里拓宽产业渠道,新乡贤牵线搭桥;基础设施缺少资金,新乡贤慷慨捐资;村里发展缺乏思路,新乡

贤出谋划策。他们充分利用亲缘、人缘、地缘、业缘优势,凝聚一切力量,泽被乡里,温暖故土。

在绵延几千年的传统农耕社会中,乡贤群体一直立志于乡村社会建设、风习教化、乡村公共事务治理,他们是传统乡土社会维系基层有效运转的主导力量。新的时代背景下,新乡贤继承传统乡贤衣钵,基于乡情乡愁的浓厚乡土情怀,利用自身优势资源,继续在乡村社会治理、乡风民俗引领、公益助学助善、助力产业升级等方面发挥积极作用,成为助推基层社会经济发展和乡村振兴不可或缺的力量。乡贤助乡兴,反哺润桑梓。在党和国家大力推进乡村振兴战略的新时期,地方基层政府应当搭建平台、畅通渠道,通过机制保障、服务提升、典型塑造等方式,充分发挥乡贤群体在农村社会经济发展和基础秩序稳定等方面的积极引领作用,为新乡贤群体根植故土、情系乡亲的情感表达提供便利,让其作为家乡建设的重要参与者共同致力于乡村建设,让乡愁成为反哺家乡、回馈家乡建设与发展的动力,让最深挚的乡情成为凝聚家乡发展的强大力量,充分激发乡贤们助推家乡建设的意愿和担当,传递社会正能量,促进乡村有效治理,助力乡村振兴。

第三章　新乡贤与乡村产业振兴

产业兴，百业兴。

自 2018 年《乡村振兴战略规划（2018—2022 年）》出台以来，产业兴旺就一直被置于乡村振兴的重要地位，它也是落实乡村振兴战略的基础及关键所在。国家经济繁荣的核心驱动力是产业发展，乡村振兴也同样需要产业兴旺来驱动，而产业兴旺的目的就是提升农业、繁荣农村、富裕农民。

前文已经提到乡村振兴包含人、地、钱三类重要因素，其中，聚人力、集人智、筹众资是既快又有效的解决办法。而新乡贤群体作为乡村的能人贤士，无论是政治、文化、社会还是经济，对乡村发展都起着积极作用，是三大要素中人才的重要组成部分。他们在振兴乡村产业中发挥的作用既有史可查，又符合现实需求，更顺应当前的政策方向。因此，有必要通过深度挖掘、积极培育、大力引导等方式加强新乡贤群体建设，畅通沟通渠道以打通新乡贤与政府、村民的阻隔，保证新乡贤的合理利益来激发他们干事创业的积极性，以此促进乡村社会和谐、推动经济产业发展、带领群众增收致富，让新乡贤群体成为乡村振兴、产业兴旺的"领头羊"。

▶ 第一节　产业兴旺：乡村振兴的关键

产业振兴是乡村振兴的物质基础，它有助于增加乡村就业机会和拓宽农民增收渠道。产业兴旺就是要提升农业发展质量，培育乡村发展新动能。农村产业不振兴，其他方面的振兴都无从谈起。当前，我国的市场供求格局和社会发展阶段都出现了一个明显的变化，在这种变化中，发展乡村产业，既面临重大的机遇又面临严峻的挑战。

2021年中央一号文件提出，要依托乡村特色优势资源，打造农业全产业链。中国地域辽阔，各地资源禀赋不同、自然环境有异，因地制宜发展产业，能够让乡村发展从"输血"转向"造血"，激发乡村振兴的内生动力。这就需要我们以企业增效、农民增收为目的，以农业龙头企业建设为依托，以延长产业链和提高商品率为突破口，着力发展农副产品加工业，促进生产专业化、经营集约化、管理企业化，将农业在生产过程的产前、产中、产后诸多环节联结成为一个完整的高质量产业链，全力促进农业产业化经营和高质量发展。

乡村振兴离不开农业，但是不能局限于农业。乡村旅游业、特色手工业等都可以成为乡村产业发展的内容，契合乡村地域特色、符合美丽乡村发展要求的产业，都可以作为乡村振兴重点发展的产业。

一　乡村产业发展的历程

改革开放以来，我国的乡村产业发展在不同历史时期面临着不同的核心问题，党和国家的政策亦针对这些不同时期的典型问题有着不同的顶层设计。因此，在讲述乡村产业发展当下问题之前，我们不妨先梳理改

革开放后乡村产业发展的历史,以及顺应不同历史时期要求,国家从发展生产到产业兴旺的政策脉络,最后再回到当下我国乡村产业发展的宏观和微观背景,看看今天我国发展乡村产业面临的现状如何。

改革开放初期,我国还处在农业生产力不足、农产品总量供不应求的时代,老百姓要解决的首要问题就是温饱问题。党中央首先从改革生产经营制度入手,再改革农产品流通体制,这就意味着先从根本上化解农业生产缺乏动力机制、激励不足的问题,再促进农产品从产到销全方位发展。这一时期,家庭经营快速发展,1984年粮食实现大丰收。但与此同时,农产品流通却陷入购不起、销不动、调不出的困境。因此,在20世纪80年代末,传统的农产品统购统销制度逐步被市场调节机制所取代,农产品流通领域开始实行合同定购与市场收购的"双轨制",农产品流通体制的市场化改革进程大大加快。

进入20世纪90年代,中国的市场经济开始逐步建立并完善起来,建立了家庭联产承包责任制,农产品购销全面市场化在这一时期完全开启。随着商品经济的发展和农业生产力的进步,农业农村工作重点也转向进一步完善农村经营体制、建立贸工农一体化经营体制、改革农产品流通体制3个方面。

1991年,以家庭联产承包为主的责任制和统分结合的双层经营体制已作为我国农村经济的一项基本制度长期稳定下来。这一基本制度极大地调动了农民的生产积极性,农民生产劲头足,农产品的商品化程度也大大增强,农产品生产者成为真正的市场主体。

虽然生产力提高了,但是其他的配套措施,尤其是农产品流通体系还不够完善。市场主体分散、流通秩序混乱,这就导致农民进入农产品市场的交易成本过高。一边是农产品数量大幅增长,农产品商品化程度不断提高,一边是市场的流通体制不健全,农产品出售难,城乡分割的矛盾日益加剧。为此,中央提出围绕农村专业性的商品生产,推行和完善贸工农一体化、产供销一条龙的经营形式,顺应社会化生产的要求,将生产、加工、流通有机地结合起来,解决生产分散与市场统一的矛盾,以及小规模经营与农业现代化的矛盾。1991 年至 1993 年,农产品的购销从此前的"双轨制"逐步走向全面市场化,放开了粮食购销体制。

然而,因为生产力还未完全跟上市场需求,这一改革并不顺利。此后的 3 年,粮食供需缺口扩大,粮价大幅上涨。为保持社会稳定,国家再度强化对市场的干预,农产品流通又回归"双轨制"。直到 1998 年以后,除粮食之外的各类农产品流通的市场化改革进程才得到持续推进,较为稳定的市场化流通秩序逐步形成,粮食流通体制改革成为农产品流通体制改革的主要内容,而农产品流通体制也进入全面改革时期。此后,农产品流通市场逐渐完善。

2004 年,《粮食流通管理条例》实施,这意味着我国彻底放开了粮食购销。进入 21 世纪后,我国工业品价格逐渐上涨,农产品价格调整却相对缓慢,工农业产品剪刀差逐渐加剧。这虽然促进了工业的发展,却导致了城乡二元结构问题日益加剧,农村贫困问题依然严峻。因此,增加农民收入、缩小城乡差距成为亟待解决的核心问题。2002 年中央一号文件明确指出,要坚持"多予、少取、放活"的方针,调整农业结构,扩大农民就业,深化农村改革,尽快扭转城乡居民收入差距不断扩大的趋势。2004 年十六届四中全会也明确了"工业反哺农业、城市支持农村"的方针,并陆续出台了取消农业税政策、主要农产品价格支持政策、以"四大补贴"为核心的农业补贴政策及农业保险政策等。

2017 年 10 月,习近平同志在党的十九大报告中首次提出乡村振兴战略,同年的中央农村工作会议明确了实施乡村振兴战略的目标任务,自此我国开始转向乡村振兴发展阶段。随着我国经济由高速增长阶段

转向高质量发展阶段,农业农村高质量发展成为核心主题。党的十九大报告指出,要把"构建现代农业产业体系、生产体系、经营体系"作为乡村振兴战略的主要措施之一,"促进农村一二三产业融合发展"。2018年,国务院《关于实施乡村振兴战略的意见》指出"产业兴旺是重点",产业兴旺的5项基本要求为"夯实农业生产能力基础、实施质量兴农战略、构建农村一二三产业融合发展体系、构建农业对外开放新格局、促进小农户和现代农业发展有机衔接"。自乡村振兴战略实施以来,中央连续数年加大对"三农"的支持力度,"十四五"规划、2035年远景目标纲要,以及2021年中央一号文件均对农业农村现代化的任务进行了部署,提出粮食等主要农产品稳定供给、农业质量效益和竞争力整体提升、农村生产生活方式绿色转型、城乡居民收入差距持续缩小、乡村建设行动取得明显成效等具体发展任务,为乡村产业发展提出了要求并指明了方向。

上述便是从政策角度梳理的改革开放后我国乡村产业发展、演变的历史。接下来,我们不妨从城乡居民的消费结构和消费方式角度,将过去与当下做个对比,进而来解析我国当前乡村产业发展的宏观和微观背景,以此反观我国乡村产业发展现状。

今天,无论是社会经济发展阶段,抑或是其中的市场供求格局,都较几十年前发生了天翻地覆的变化。在此背景下发展乡村产业,既是一种难得的机遇,也存在相当严峻的挑战。如前所述,改革开放初期,我国处在农业生产力不足、农产品总量供不应求的时代,面临着农产品、工业品短缺的困境。那时候发展乡村产业,就是解决生存的问题,只要能生产出合格的产品,肯定能销售出去,因为市场上绝大部分产品都是短缺的,所以我们只需要搞生产。如今,短缺的时代已经过去,在物资富饶的当下,到底如何去发展乡村产业,发展的重点和方向又是什么?我们不妨通过

几个例子来理解这一问题。

如今,我国东南沿海地区跻身各种大大小小的优秀民营企业,这些民营企业的前身大多是乡镇企业。从20世纪80年代到90年代,农村充分利用自己的优势,大力发展乡镇企业,这些异军突起的乡镇企业曾经一度占据我国工业的半壁江山。究其根源,这种快速发展实际上是强大的市场需求所拉动的。那时候的乡镇企业,体制转变最快,经济形式最灵活,市场需要什么就能生产什么。

当前,在淘宝、京东和其他各种电商平台,工业产品的促销活动繁多。有相关统计,当前日用品、工业品都存在过剩问题,这也是各类促销、价格战层出不穷的原因。再来看农产品,近年来,肉类、蛋类、奶类、水果蔬菜、茶叶,以及其他农副产品的产量都得到极大提高,总量、人均占有量都达到了较高水平。当然,由于季节性的价格起伏,也会经常出现个别品种短缺现象,但从总体上来说,在正常年景、常态的情况下,产品都是相当富足的。所以在这种情况下,如果再沿用原来的思维,一味去闷头搞生产,不去研究市场的需求,即使有好的愿望加上大量的付出,也不能得到理想的回报。而且从大的方面来说,乡村产业也得不到可持续发展。

相应地,我国城乡居民的消费结构和消费方式也正处在一个加速升级的阶段。这种消费结构的升级呈现出许多新的特点,实际上也带来许多新的产业机遇。正如党的十九大报告提出的,中国特色社会主义进入新时代,我国社会的主要矛盾已经转化为人民日益增长的美好生活需要和不平衡不充分的发展之间的矛盾。过去我们的主要问题是解决温饱,吃饱了就解决了第一位的需求。而当今,吃饱之后,更多的人追求的是吃得好、吃得健康、吃得快捷、吃得有特色,因而饮食消费便向这些方向发生转变。任何一个方向的转变,如果达到一定的集中度,都可能是一种产

业的升级。例如,现在很多年轻人追求吃得便捷,这便带动了外卖产业的迅速腾飞,如今每年外卖平台有上百亿份的外卖订单,一个庞大的产业便诞生了,同时还带动了数百万人的就业。这就是产业升级、消费方式和消费结构的转变带来的产业发展的机遇。再比如说,随着收入的提高,老百姓大部分的收入可以转而用于吃、穿、用以外其他方面的消费,比如向文化消费、旅游消费、休闲消费、康养消费及不动产的配置等方向转变,这种转变也带来了新产业的快速发展。前几年房地产行业火热,部分原因在于人们有了更多的钱用来置业;家用轿车行业快速发展,也是因为人们有了这方面的消费潜力;文化产业、旅游产业的快速发展,同样是源于老百姓的收入提高了,消费层级有了提升,从而促进了这些新产业的兴盛。在老百姓总体收入提高的同时,收入差距也被拉大,收入的多层次、多元化,必然会带来消费的多层次、多元化。在这种情况下,企业生产产品必须着重考虑目标消费群体,忽视这一因素而进行盲目生产,做再多的营销也是徒劳。

上述诸多变化都给乡村产业的发展带来了商机。从某种角度来说,人们普遍的、共同的需求就是商机,将很多人的需要变成现实的满足,可能成为一个新产业发展的机遇。打车的便捷是普遍需求,滴滴平台应运而生;购物方便同样也是快节奏生活的共同需要,淘宝、京东等购物平台也相继诞生;更便捷的沟通交流一直都是人类的需要,一旦技术允许,腾讯等社交媒体平台很快也就诞生了。这些例子告诉我们,在构思乡村产业发展时,应顺应这些社会特点,抓住机遇,不能再固执地使用传统方法去思考问题,而是要以满足市场需求作为导向。

作为乡村产业来说,要从当地乡村资源的特点、产业的基础、人文和历史的优势出发,以这些资源禀赋和产业基础为依托,因地制宜地选择适合本地发展的乡村产业,这样才能做到有的放矢,而不是盲目跟风、一哄而上地去搞某些产业,导致各地的产业都是千人一面,毫无特色。如果某个地方茶叶卖得好,各地都开始发展茶叶;食用菌卖得好,一股脑儿都开始种植食用菌,这样肯定会出现产业产能过剩的问题。

二 乡村产业振兴的建设目标

2019年,《国务院关于促进乡村产业振兴的指导意见》中提出,产业兴旺是解决农村一切问题的前提,乡村产业根植于县域,以农业农村资源为依托,以农民为主体,以农村一二三产业融合发展为路径,不断丰富乡村业态形态,发展特色鲜明、承载乡村价值、创新创业活跃、利益联结紧密的产业体系。

目前,乡村产业的典型形式包括现代种养业、特色手工业、农产品加工流通业、乡村休闲旅游业、乡村新型服务业、乡村信息产业、教育科研等。乡村产业振兴,简单来说是实现乡村产业的兴旺,通过整合乡村各种资源,将现代农业和其他业态结合起来,融合发展乡村旅游、康养、现代服务业、教育、物流、科研等业态,最终达到乡村富裕的目的。

相对于以往的乡镇企业,如今乡村产业的发展优势不再是丰富而廉价的劳动力,而是通过在发掘各地特色的资源禀赋基础上形成本土的特色产业和特色品牌。我国地大物博,每个村庄既有共性又有个性,只有建立在本土人文和自然资源之上的乡村产业才会有源源不断的发展动力,才能将生活在这片土地之上的人紧密联系起来,使其成为乡村产业发展的主力军。发展乡村产业,必须挖掘地域特色,从本土出发,走内生型产业发展模式,构建主体性视角下的乡村产业。

乡村产业振兴总的方向已经明确,其具体目标则是多元化、多维度的。同时,乡村产业的发展绝对不是孤立的,它与城市产业发展紧密联系并共同构成国家整体的产业体系,从长远来说,它更是与国外产业发展

相关联并成为世界产业体系的有机组成部分。接下来,我们可以从不同维度,从微观到宏观去解析产业振兴的目标。

科技创新是第一生产力。实施乡村振兴战略的总目标是农业农村现代化,产业振兴作为头阵,建设宜居宜业乡村,实现乡村产业现代化便是首位。乡村产业现代化可以为乡村全面振兴提供新动能和物质基础。近年来,我国政府对农业科技创新、农业现代化越来越重视,虽然农村产业生产技术水平有了较大提升,但是与发达国家相比,当前我国乡村产业现代化程度仍然偏低,很多乡村产业依旧停留在传统农业层面,科技创新投入不足,农业科技创新成果转化率较低。因此,必须抓住新一轮科技革命和产业变革的历史机遇,不但要利用先进的网络技术、数字技术、智能化技术等提高市场效率和产品质量,还要通过一二三产业融合发展和新产业、新业态、新模式对传统乡村产业体系进行现代化改造,加快推进乡村产业现代化。

实现城乡产业融合发展,加快构建现代化产业体系。国内外现代化发展经验表明,城乡产业融合水平越高,越有利于促进农业农村现代化。目前,我国乡村产业发展水平落后于城市产业,而且长期的二元经济结构导致城乡间的要素流动和经济交往还存在一些障碍,因此,需要树立城乡并重、城乡融合的发展理念,城市与农村、工业与农业不再区分孰重孰轻、谁先谁后,并逐渐形成和深化你中有我、我中有你的发展态势,才能为产业融合更好地探索制度设计、搭建平台和拓展实施路径。同时,通过要素配置市场化促进城乡资源的双向流动,进而建成城乡一体的现代化产业体系。过去,我们只把农业作为农村的唯一产业,有意无意地排斥多样化的农村发展。而随着网络的普及,这些多样化的农村发展恰恰在客观上给城乡融合创造了条件,已经有越来越多的人纷纷进入乡村创业。

总的来说,乡村产业振兴要以乡村产业自身的现代化为驱动,要通过一二三产业融合发展和城乡产业融合发展加快构建现代化产业体系。同时,在满足国内消费需求的基础上,尤其是保障国家粮食安全的基础上,扩大对外开放,进一步将乡村产业融入全球产业链和供应链,培育核心竞争优势,形成国内国际双循环新发展格局。这是乡村产业振兴从自身现代化开始,最终融入全球产业不同阶段的目标。

回归"以人为本",乡村振兴总要求的落脚点是农民生活富裕,而生活富裕意味着农民需要依靠农村产业的兴旺来实现增收。因此,发展"富民乡村产业"是乡村产业振兴的重中之重,"富民"是发展乡村产业的根本目标。既然乡村产业根植于乡村,以农民为主体,就决定了它必然是为农村人民所服务的。前面在谈到产业振兴背景时已经论述过,今天的我们不能一味闷头搞生产,因为我们不再需要依靠发展乡村产业来提高我国的工业化水平,也不需要乡村产业提供大量的轻工产品满足人们的日常需要。发展乡村产业的目标不仅仅是做大做强产业,而是富裕农民,这也是区别于以往农业产业化政策的最大不同之处。因此,在支持各地根据资源优势打造特色产业链的同时,也要更多地考虑如何把农民纳入产业链增值利益的分配中,在延长乡村产业链的同时,让更多惠及农民的产业链增值环节留在乡村、留给农民,让农民享受更多的收益,真正做到发展成果由农民共享。这种利益融合是联农带农的落脚点。龙头企业、农民合作社、家庭农场、广大小农户组成农业产业化联合体,构建生产联动、利益共享的联农带农机制。

除了利益的融合之外,乡村产业融合发展的另一个重点是资源的融合。乡村产业发展需要吸引更多资金、技术、人才、土地等资源向乡村汇聚,吸引能人返乡、企业兴乡和市民下乡。乡村产业振兴的主体应当是多元化的,包括政府、企业、集体经济组织,也包括社会组织和农民等,需要

调动各方面的积极性,协同推进乡村产业振兴。

乡村振兴,产业是基础,人才是关键。2022年4月,农业农村部和财政部联合印发《乡村产业振兴带头人培育"头雁"项目实施方案》,提出用5年时间培育一支10万人规模的乡村产业振兴"头雁"队伍,带动全国500万新型农业经营主体形成"雁阵"。也就是说,要在新农人中挖掘出一批有潜力、干实事的人,给予一定的扶持政策和资金,先富带动后富,夯实乡村产业振兴人才基础。

▶ 第二节　新乡贤助力乡村产业振兴

以往提到乡村振兴,人们往往会联想到政府给乡村提供更多的资金投入和政策扶持,这些其实都属于"外力"。而新乡贤群体或是出身于乡村,或是正在投身乡村建设,总之,他们与乡村有着千丝万缕的联系。有了新乡贤的力量,乡村不再是单纯依靠外部资源,而是同时最大限度地发掘内在主体力量,发挥内生动力。无论是老百姓还是研究者,在讨论乡贤或是新乡贤的时候,更多的是提及他们发挥的文化和政治功能,经济功能被相对低估了。实际上,新乡贤在技术、市场、经济引领、项目承包等诸多方面正在推进农村产业及经济的发展。当前在资本下乡、城市反哺农村战略背景下,新乡贤的经济功能更是被放置于前所未有的重要位置。因此,本书在谈论新乡贤推进乡村全面振兴的时候,先来介绍这一群体所发挥的经济功能,来看看乡村产业振兴为何需要新乡贤的参与、目前这一群体在参与乡村产业振兴中存在的问题,以及他们在产业振兴中具体发挥作用的路径和机制。

一 新乡贤助力乡村产业振兴的优势

乡贤群体对于推动乡村产业发展的重要作用既可以追溯历史,又符合现实需求,同时更有着充分的政策依据。

第二章已经提到,继承和弘扬乡贤文化,以乡情为纽带,吸引和凝聚各方面的成功人士,以其学识专长、创业经验反哺桑梓,能够推动乡村产业兴旺发达。回顾历史,民国时期的张謇、王理孚、卢作孚等民族企业家通过实业建设改善了地方境况,造福了地方民众。光绪十二年(1886年),张謇会试失败之后,他意识到必须通过兴办实业,实现国家富强。于是他就通过"议仿西法,集资为公司",购买一批桑苗发给乡民种植,3年之后计算本息,带领乡民种植桑树。在试行一段时间后,老百姓的积极性不高,张謇发现原来由于赋税太高致使养蚕收入微薄,于是便请求两江总督减免税收。税收免去后,老百姓种植积极性高涨,海门、如皋、靖江等地开始普遍种植蚕桑。在张謇的带领下,南通地区经济得到了发展,社会各个领域也引入了近代元素。

王理孚原为浙江都督府秘书厅秘书,他一生热衷公益事业,对家乡的最大贡献在于通过投资修建码头、开辟国内外航线等方式建设南麂岛,使一个荒芜的岛屿焕发出生机。他创办的商号从上海采购各类杂货、农业用品,然后分售给全县各小镇,带动乡村经济发展,吸引了上万人定居。著名爱国实业家卢作孚创办民生轮船公司,从事航运业务,获得巨大成功。在此基础上,他以重庆北碚为基地进行乡村建设,修筑铁路、开挖煤矿、建设工厂,吸纳了一批无业贫民就业。在他的主持下,当地经济发展迅速,昔日交通闭塞、盗匪横行的北碚成为当时中国的一方乐土。

扶贫大开发以来,我国就非常重视乡村产业项目的投入与建设。早在20世纪90年代末各地便探索出了"公司+农户"或"龙头企业+农户"模

式,在这种模式下,公司或龙头企业的负责人多数为村庄之外的企业家,与农户仅仅是雇用与被雇用,甚至是临时契约关系。这除了解决村庄极少数劳动力就业、向部分农户支付土地流转费用外,无法实现产业项目惠民的效果。而外生于村庄的企业模式,同样无法实现精准扶贫战略中"精准到户"和乡村振兴战略中"生活富裕"等政策目标。这种模式遵循的是资本的逐利逻辑,部分企业在享受脱贫攻坚地方政府给予的土地政策、税收优惠、项目资金支持等福利后,并未能持续营利、有效带动贫困户,实现村庄产业振兴、福利共享。而农户自主联结形成合作社、组织化经营的模式,因缺乏强有力的主体力量,未能与项目建立有效的联结,也因未能实现与地方政府、村庄、市场等多方面协同而逐渐式微。

因此,即使国家十分重视乡村产业建设,但在具体推行政策时还是遇到了各种困难。首先,当前很多基层组织相关服务缺位,乡村地区人口流失严重,基层组织涣散。乡村的管理者普遍年龄偏大,且长期忙于事务性工作,大都对乡村经济发展眼界不宽、经验不足,无力、无暇思考乡村产业发展;其次,乡村缺乏资源集聚力量。城乡二元发展的背后引发了深层次的矛盾,相当长一段时间内,乡村都是处于一种"衰落—人口流失—进一步衰落"的循环中,产业发展落后的现实既是乡村地区人、财、地等各类资源难以集聚的原因,也是结果。寄希望于通过市场力量实现资源集聚显然已经不现实,而依靠政府力量也同样效果甚微,一方面有上述基层组织服务缺位的问题,另一方面政府能力有限,并不能顾及所有乡村。另外,在一些资源禀赋较差的地区,即便政府愿意帮扶,但由于乡村缺乏"造血"能力,政府的帮扶最后也只能成为单纯的救济行为,乡村难以实现长远发展。因此,乡村地区的产业发展最终还是需要那些有家国情怀、愿意立足乡间和服务乡间的当代乡贤通过自发地投入各种生产资源来带动。最后,乡村小农户分散经营导致产能低下。乡村地区生产分散,分工一般仅限于家庭内部,产能较低。乡村产业经营离不开规模化生产,在这种情况下尤其需要依靠新乡贤群体报效桑梓的责任感和强大的凝聚力,寻求资源、开拓市场、凝聚乡民、发展生产,依托现代化经济手段发展集体经济,真正让"农民"成为有奔头的职业。

因此,新乡贤参与乡村产业振兴,其背后存在着农户需求、地方治理和乡土情理等各方面因素的推动。不难看出,国家近年来在制定产业发展各项政策时都在呼唤乡贤群体的引领。2017年原农业部颁布的《关于促进农业产业化联合体发展的指导意见》指出,在坚持农民自愿的前提下鼓励龙头企业、农民合作社和家庭农场以分工协作为前提、以规模经营为依托、以利益联结为纽带发展一体化农业经营组织联盟,示范带动普通农户共同发展,同步分享农业现代化成果。同年,国务院颁布的《关于加快推进农业供给侧结构性改革大力发展粮食产业经济的意见》指出,要引导支持龙头企业与新型农业经营主体和农户构建稳固的利益联结机制,发挥骨干企业的示范带动作用,鼓励多元主体开展多种形式的合作与融合,引导优质粮食品种种植,带动农民增收致富。2018年中央一号文件也强调要通过发展多样化的联合与合作,提升小农户组织化程度,提升小农户抗风险能力。而本章第一节提到的"头雁"项目,更是在直接呼吁新乡贤群体为乡村产业振兴发挥自身的天然优势和重要作用。

首先,新乡贤中的很多人与乡村有着强烈的亲缘、地缘与血缘关系,抑或是在这片土地上奋斗了多年,他们对生于斯、长于斯、奋斗于斯的乡村有着不可割舍的依恋。因此,新乡贤资本的下乡不是以利益为主导,而是基于情感认同的回归。他们对于乡村的投资以情感为出发点,有着对村里亲情、邻里情甚至爱情的回忆,这种回忆是最深处的对于家的强烈情感,这种情感是支撑在外乡贤返乡的重要精神力量。不同于工商资本

纯粹以利益最大化为目标,新乡贤资本则是带有情感的寄托。在乡村产业振兴中,需要的就是他们这样带着反哺村民的心态,而非以利益最大化为主要目的的资本下乡。

其次,新乡贤群体对"熟人社会"十分熟悉并能灵活运用这种社会机制。我国农村社会是熟人社会,而基于农村熟人社会所构建的社会网络则是一种特殊的社会网络,熟人社会中的"人情"体现在感情、关系、规范和机制等方面。在人情的作用下,熟人社会成了一张微观权力关系网。新乡贤们大多从小在村里长大或者在乡村生活时间较长,熟悉乡土社会的人情关系,因此在乡村产业发展及管理中,会根据乡村熟人社会的特点进行调适,站在村民的立场上考虑问题。对于内生于乡村这一熟人社会的新乡贤群体,清楚地了解熟人社会的人情规则,哪怕是那些已经离开家乡在外发展多年的老乡,依然深谙乡村人情所带来的利与弊。基于乡村熟人社会这一特质,在乡村产业发展中,会更多考虑村民的利益,正是这一特质使得新乡贤群体促进产业振兴、农民富裕成为可能。

再次,新乡贤更易接受新事物,能将创新思维运用到产业振兴实践中。许多当代乡贤不仅掌握了乡村生产、生活的经验,具有吃苦耐劳的品质,也注重知识技术的更新换代,而且特别善于运用新知识发展乡村经济。他们积极拓宽"引进来"的路径,有的通过引进新技术发展智慧大棚,有的通过土地流转实现规模化生产,提高产业经营效益。同时,他们也积极探索乡村"走出去"的新路径,如通过发展农村电商、淘宝直播等多种方式将乡村的蔬菜、瓜果以较高的价格销售,带动村民致富。有些乡贤甚至还自发组织各种行业协会,去周边地区开展调研,请专家做专题讲座,现场指导产业发展。可以说新乡贤在带动产业发展方面充分而有效地填补了自上而下的政府行为在乡村产业发展方面的错位与空白。

最后,新乡贤群体的政策敏感性普遍较强,会主动学习相关最新政策,并且在产业发展的实践中运用最新政策。当代乡贤平时注重基础知识的积累,关注国内外发展动态和中央的大政方针,对利于本地农村发展的政策十分敏感,经常主动要求学习政策。有些乡贤在政策学习后还经常向上一级政府打听政策具体什么时候下乡,甚至为发展好乡村产业经济联名向政府"上书"争取政策扶持。

这些新乡贤群体自身的特点和优势,决定了他们能成为乡村产业振兴中的领头军。老乡们带着自己的资源或资本下乡,凭着自己对乡村的深入了解,能重新发现乡村价值,在乡村生态保护的基础上,进一步将其发展为可以增值的资本造福村民。他们在乡村熟人社会中经营管理产业,给了更多村民参与并获益的机会。

二 新乡贤助力乡村产业振兴的路径

在整个新乡贤群体中,主要在产业振兴领域发挥作用的新乡贤比前面提到的技能型和管理型等新乡贤在数量上要少一些。这部分的现代乡贤在经商方面取得了突出成绩,其管理的产业规模较大,个人经营能力较强,对社会的影响力也较大。一般而言,他们多是在县乡级政府招商引资的邀请下,通过回乡投资建厂、进行工业园区建设或通过商会投资乡村建设等方式,发挥促进乡村经济建设的作用。同时,这些新乡贤群体有着较高的素质,更愿意为家乡的社会事业投资,促进社会事业建设。

对于乡村产业发展,新乡贤群体的主要作用领域是第二产业,或是与第一产业紧密相连的农业加工业等。这些产业的规模一般比较大,吸纳的乡村就业人数也比较多,通常集中在县内的工业产业园内。同时,因为很多新乡贤在外经商期间已经积累了一定的人脉,也有固定的产品销售渠道,因此当产业转移到乡村发展时,对乡村经济的促进作用很大。还有一部分的现代乡贤只是将其产业链中的某一环节或"生产车间"建设

在乡村,虽然这种方式对乡村经济的促进作用较小,但在促进乡村居民就业方面发挥了很大作用。

这些给乡村产业发展带来积极作用的新乡贤群体处于新乡贤群体的中上层,与基层政府,特别是县政府的联系较紧密。县政府一般会在这类群体聚集比较多的城市设置同乡会,积极邀请新乡贤回乡投资,以促进家乡经济发展。另一方面,这一群体也有着浓厚的乡土情结,愿意主动投入到促进家乡经济发展的进程中来,这样既能扩大自身产业的发展,也为解决乡村经济发展难题提供帮助、贡献力量。这便是新乡贤群体通过县政府建设乡村产业的作用机制。那么,新乡贤群体具体应该如何在乡村产业振兴中发挥自己的作用,管理部门又该如何主动促进这一群体助力乡村产业振兴呢?

作为"熟人社会"的老熟人、科技时代的先锋队,新乡贤可以在乡村产业发展实践中充当项目的领头羊、沟通的桥梁,与村民们利益共享。

在有新的产业发展项目进驻乡村时,新乡贤可以通过参与示范、技术培训与管理培训,引领村民参与项目,消除村民疑虑,提升村民的参与能力,发挥领头羊机制。很多人对陌生的事物可能会带有天然的排斥,当新的产业发展项目刚刚进驻乡村时,可能会有部分村民持有与己无关的态度,或是不清楚项目怎么参与,或是对这些项目是否带来增收表示怀疑,或是将项目理解为纯粹的政府行为与企业行为。经济学中的"涓滴效应"认为,增长与发展是连续、渐进、和谐的过程,市场能够通过自动平衡与调节利益冲突和个人利己逐利行为而形成经济秩序,该秩序将惠及所有低收入群体,实现经济增长的自动减贫效应与收入差距的自动收敛。因此,经济发展成果最终能够自然形成社会成员共享的结果。然而,随着市场经济及现代资本的发展,企业行为往往形成逐利行为模式,而政府行为通过项目制的政策方式下达,基层政府在执行过程中会进行变通操作,从而呈现政策偏离的结果。由此可以看出,国家与村民之间缺乏桥梁,而新乡贤就是搭建桥梁的领头羊。

新乡贤可以利用其政策的敏感性、所具备的知识、沟通能力,或者是既往经历去动员村民参与产业发展项目,积极发挥村民与企业、政府之间的协调沟通的角色,提升村民的参与意愿和行为。参与式沟通形成的民主氛围有助于打消村民对新事物的怀疑,促进新兴产业发展项目的推进。

新乡贤通过其中间主体作用,为村民争取政策资源。一般来说,新乡贤或是企业的管理者,或是与企业沟通的"甲方",他们可以为村民争取工资、协议分红,建构一种兼顾企业利润和惠及村民的利益共享机制。以往进驻乡村的很多项目,村民参与的主体性往往是缺失的,他们很少从项目中共享经济的直接成果。因此,在面临如何扩大这些新产业的惠民范围,以及如何解决项目推进中的劳动力、资源供给量不足等困境时,新乡贤可以利用自己的人脉和资源解决这些困境和难题。

对于政府,尤其是基层政府,则需要充分去调动起新乡贤群体助力乡村经济发展的热情,将这一群体在乡村产业发展中的优势最大化地发挥出来。

第一,要结合本地发展现实,重视产业型乡贤人才队伍建设。这种建设既包括发掘,又包括培养,更包括引导。前面我们多次提到,实施乡村振兴战略首先要解决人的问题。因此,只有构筑以人为主体的产业发展规划,才能真正建立起乡村主体性的发展路径,支撑乡村产业经济的发展。乡村人口中青年的大量流失使得乡村家家户户之间的关系更加松散,凝聚力不强,各项活动开展困难。基层组织通过与乡贤群体的协商,通过他们的示范引领有针对性地组织生产、开展文娱活动,加强乡民们的凝聚力,使乡村各项事务顺利开展。一方面,要参照当代乡贤标准,深

度挖掘本地区的产业型乡贤。比如政府部门可以通过举办"寻找当代乡贤"等活动,鼓励基层部门推荐、个人自荐,也可以大兴调研之风,深入基层寻贤、访贤;另一方面,要大力培养懂乡村、爱家乡的贤能之士,重视"土专家""田秀才",同时吸引大学生、有能力的农民工回流,为他们回乡创业创造条件。对于很多想回乡、下乡创业的人来说,乡村是投资兴业的热土,具有发展前景,但农村基础设施落后依然是一块短板。为了留住劳动力、留住人才,加大乡村基础设施投资,营造良好的乡村生活环境将是一个很好的切入点。另外,要带着问题意识,对已经挖掘出的产业型新乡贤、正在培育并大有潜力成为这部分群体的乡贤,加强宣传教育引导,弘扬新乡贤群体的时代精神。例如对于少数乡村企业家并未发挥示范引领作用,反而通过压低市场价格来挤占市场、影响村民收入这种行为,应当相应加大教育引导,将其转变为新乡贤群体。还可以由基层政府和组织通过开办新乡贤专题培训班等方式帮助他们熟悉掌握最新的法律政策,增强法律意识,善于用法律保护自己的合法权益,同时通过他们的示范效应在全社会营造遵法守法的良好氛围,从而推动乡村产业可持续发展,真正让好项目、好政策向有能力带动乡村发展的新乡贤群体倾斜。在乡村发展的初期,尤其是在各方面生产条件比较落后、发展形势尚不明朗的情况下,更要让新乡贤群体坚定"只要坚持跟党走、坚持科学发展,乡村产业发展就会越来越好"的信念,坚持通过几年甚至是几十年的不懈努力,让产业兴旺起来、乡村振兴起来,做乡村产业发展的"拓荒人"。

第二,搭建凝聚平台,激发乡贤群体返乡干事创业的激情。无论什么时候,通畅的沟通渠道对问题的解决总是有利的。在乡村产业发展中,长期从事农业生产且经常与市场打交道的新乡贤群体更有发言权,因此应当畅通乡贤群体反映社情民意、参与政策制定的渠道,充分听取乡贤对于产业发展的建议。那么,如何畅通这些渠道呢?首先,政府应当主动搭建交流平台。例如：可以建立乡贤参事会，通过特定渠道直接向政府反映乡村产业发展的需求与困难；也可以搭建网上交流平台，让乡贤群体可以交流产业发展经验，谋求合作，更能够将自己的意见和建议、发展经验直接上报给区政策研究室作为资政参考；还可以选聘部分经营能力强的新乡贤群体作为客座专家，为乡镇产业发展出谋划策；此外，可以开通"乡贤热线"，组织新乡贤群体为乡民们的产业发展答疑解惑，提供智力支持。新乡贤群体的许多建议能够解决实际问题，但往往十分零散，需要深度归纳总结。因此，可以选聘新乡贤为区社科联理事会成员等社会兼职，经常性地参与全区的乡村产业研讨活动，并将产业发展遇到的问题纳入理论研究范畴。通过理论与实践的结合，既可以实现理论上的重大突破，也能为解决实际困难寻求制度上的解决办法。畅通协商共治渠道，及时将有益经验制度化。

第三，注重权益保障，协调多方利益。作为企业家，乡贤群体归根到底要实现经营收益。因此，在政治协商过程中应注重将乡贤利益与群众利益协调，将乡村的短期发展与长期发展协调，在鼓励乡贤群体"讲奉献""讲信念"的同时，也应当通过政策倾斜保证这部分群体的正当权益，实现优先发展的同时，调动他们发展的积极性，带动乡村产业联动发展和集体脱贫致富。

最后，优化基层组织建设，切实推进乡村产业振兴发展。目前，基层党组织的阵地建设、制度建设正逐步完善，但在解决乡民们的实际困难方面还有所欠缺。而新乡贤群体往往能够解决乡民们生产、生活中的实际困难，在乡村地区有一定的话语权，因此加强基层党组织与乡贤群体的联系，联合推动产业发展意义重大。加强基层组织建设，首先要加强党员干部队伍建设。在基层党组织建设中，应着重挑选觉悟高、"双带"能力佳的新乡贤，将他们吸收进基层党组织，调动他们的基层工作热情，充分

发挥他们在乡村发展中的作用;其次要完善选拔任用制度。在村社领导班子建设中应当引入群众投票和特殊贡献加分相结合的选举制度,以便能选出群众真正拥戴的、有能力的新乡贤群体作为基层干部,从而促进各项群众工作的顺利开展。同时,基层民主的进一步实现能够更多地吸引在外务工的精英回村发展,使得乡村领导班子的选拔任用形成优胜劣汰的良好局面。这些内容在乡村组织振兴章节中会有更加详细的论述。

第三节　案例:返乡创业"领头羊"与助力脱贫带头人

一　陈建明——建设共同富裕美好家园的"领头羊"

艰苦创业、带头转型、情系家乡、服务人民,企业家陈建明是嘉善县干窑镇建设共同富裕美好家园的新乡贤代表。

陈建明出生于干窑镇长生村,不到 30 岁就开始闯荡商海,与朋友在魏塘街道北暑村合伙开办了海绵制品厂。1997 年,陈建明回到长生村建厂,将海绵厂从北暑村搬至新泾港沿线。

2016 年,干窑镇启动环境整治攻坚战,新泾港被列为重点整治区域,陈建明的海绵厂赫然在腾退名单中。陈建明说:"当时我的企业也做出一定成绩了,政府承诺把我的新厂房规划整合到工业园区,这也解决了我原先在长生村办厂时遇到的厂房不集中、运输成本高的问题。"然而政府整治和过渡需要 3 年,陈建明最担心的是过渡时期企业生产的问题:老厂房腾退,新厂房还没建成,这 3 年怎么办? 思来想去,陈建明说,既然政府帮忙落实了新厂房,他也应该积极配合政府克服当下的困难。于是,他花了 1000 万元租用了一处临时厂房,租期 3 年,同时加紧办理老厂房的腾退,成为新泾港沿线腾退的第一家企业。

在这次腾退过程中,陈建明的企业也进行了一系列转型升级。比如:组建研发团队,创新研发阻燃海绵;购置全新生产线,对产品全面升级;将产业链做长,专门生产智能沙发,配置了手机充电接口、音响、AR 语音系统等。陈建明的海绵厂跃升一变,成为一家集科研、设计、制造、销售、智能化于一体的专业软体家具企业,同时作为省级科技型中小企业在"新三板"成功挂牌。

在艰苦创业之外,陈建明还不忘在其他方面回馈家乡和政府。2019 年,干窑镇成立乡贤联谊会,陈建明成为第一批会员,并加入长生村乡贤参事会,参与矛盾调解、贫困家庭慰问、困难学生扶助、资源协调联系等工作,每年他都会捐款数万元用于帮助家乡百姓。与此同时,陈建明的企业还与长生村结成了红色联盟,共同举办孝文化节等各类活动,每年为村里的大学生提供实习岗位和实践机会。看到西塘、姚庄都有自己的电影院,陈建明又与朋友商量,共同投资了干窑镇瓦都影院,以给家乡增加更多的文化气息。

2020 年年初疫情暴发,陈建明第一时间采购了 1 万多元的口罩、雨衣等用品,送到了镇政府,这也是干窑镇收到的第一批民间捐赠的物资。后来,他又陆续采购了防护用品送到全镇各卡点和长生村里。

为了配合长生村的文化建设,陈建明设在村里的两个仓库加紧腾退。他说:"这两个仓库的位置就在村庄旁边,政府去年年底跟我提出希望我腾退出来,用于村里建设文化中心、家宴中心。其实说实话,房子结构还是比较好的,拆了可惜,但这也算是为家乡文化事业发展做点事,我义不容辞。"

如今,陈建明的浙江派森智能家居有限公司年产值达到了2.6亿元,税收超过500万元。他说:"我们是一家从零开始的工厂,现在规模还不大,还在一路学习一路做,争取5年内产值能达到5亿元。不管是产业还是文化方面,能为家乡的振兴发展出力,我感到很荣幸。"陈建明表示,家乡干窑镇是一个美丽的地方,也是他的情怀所寄,不管事业如何发展,他都会一直扎根在家乡,服务家乡。"这也是我的社会责任。"陈建明如是说。

二 郭霞——返乡带动就业,开发脱贫多赢

一帆竹业有限公司位于石台县仁里镇贡溪村,从事竹产品深加工研发、制造、销售服务,为美的、苏泊尔、九阳、爱仕达等一线品牌生产配套竹制品,是石台县"凤还巢"企业。公司目前聘用员工37人(其中脱贫户11人),月工资3 500元至4 000元,有效解决了当地群众就业问题,并帮助脱贫户增加收入,实现了竹资源有效利用、当地群众就近就业、村集体经济增收、企业良性发展的"四赢"局面。

一帆竹业有限公司是石台县政府2019年重点引入的一家招商引资企业,而将这一企业带到乡村的便是土生土长在这里的新乡贤郭霞。郭霞中学毕业之后便去了沿海城市打工,在外出务工的10多年,学习了许多先进的经商知识和企业管理知识,开阔了视野之后,也创办了自己的企业。但因为不能割舍的故乡情怀,搭上当地政府大力扶持的便车,郭霞带着积累的资源和经商的头脑回到了家乡,参与家乡经济建设工作。家乡山好水好,盛产竹木,加上竹子的生长周期比较短,再生循环很快,是很好的再生资源,且目前被开发的较少,绿水青山亟待被转化为金山银山。郭霞在此地创办公司之后,优先考虑贫困户就业,吸纳当地贫困户进入车间务工,带动周边33名群众自主创业就业,人均月增

收 3 000 元左右。

目前企业正处于上升发展阶段,全年订单已经排满,工人加班赶制产品,产品供不应求。公司已完成二期厂房建设,正在扩大材料供应及增加人员招聘,以提升产能。新乡贤郭霞的返乡创业不仅为当地打赢脱贫攻坚战起到了巨大作用,同时也为乡村产业振兴发挥了积极作用。

第四章　新乡贤与乡村人才振兴

人才是第一生产力，是乡村振兴战略的核心要素。实施乡村振兴战略，促进乡村发展，归根到底要靠以农民为主体的农村人才力量，没有一批符合需要的乡村人才，一切发展和振兴都无从谈起。在城市虹吸效应作用下，乡村人才单向流向城市，乡村日益"空心化"，人才短缺是乡村发展面临的关键性问题。推进实施乡村振兴战略，必须突破人才瓶颈。新乡贤的"返场"可以在一定程度上改善人才短缺的现状，作为乡村重要的人才资源，新乡贤是乡村民众和当地政府公认的社会精英。以乡贤文化为基础，探索建立发挥新乡贤作用的平台和机制，不仅可以盘活地区人才存量，更能有效弥补乡村振兴中农村人才短板。同时，作为乡村的精英，口碑好、威望高，加之具有人熟、地熟、村情熟等天然优势的新乡贤，具有很大的号召力。地方政府树立好、宣传好新乡贤典范，就能产生"一花引来百花开"的效应，凭借新乡贤的号召力，以乡情为纽带便能吸引更多人才返乡助力乡村建设和发展。培育新型职业农民、增强农村自身"造血"功能，是实现乡村振兴的长久之计。新乡贤更是以其丰富的阅历和开阔的视野，发挥他们较强的专业素质和能力优势，通过各种形式参与新型职业农民的培育工作，他们或直接向农民传授知识和技能，或在生产实践中为农民答疑解惑。进入新发展阶段，加强乡村振兴战略的深度、广度更加需要结构合理、符合乡村现实发展需求的人才队伍，这是推动农业农村高质量发展的现实需要，也是全面实现农业强、农村美、农民富的根本保障。

▶ 第一节　人才力量：乡村振兴的支撑

乡村要振兴，人才必先行。人才是乡村振兴的基础性要素，是强农兴农的根本，是实现农业农村现代化的关键。农业人才短缺已经成为制约农业农村发展和乡村振兴战略的瓶颈。现有乡村人才发展的数量和质量还远不能适应乡村振兴发展的需要，必须立足农业农村发展实际，充分激发乡村人才活力，坚持把乡村人力资本开发放在首要位置，大力培养本土人才，引导城市人才下乡，推动专业人才服务乡村，吸引各类人才在乡村振兴中建功立业，健全乡村人才工作体制机制，强化人才振兴保障措施，培养造就一支懂农业、爱农村、爱农民的"三农"工作队伍，为全面推进乡村振兴、加快农业农村现代化进程提供有力人才支撑和智力支持。

一　乡村人才队伍建设的现状

全面建成社会主义现代化强国的难点区域在农村，重点产业是农业，主要人群在农民。当前影响我国农业农村现代化建设的因素有很多，诸如产业传统、财政不足、科技落后等，但最重要的因素还是人才匮乏，无法适应农业农村现代化发展的现实需要。21 世纪是知识经济的时代，经济全球化、社会主义市场经济的发展、信息化发展使得人才竞争日益激烈，人才成为经济社会发展中最重要的战略资源和竞争因素，决定着各行各业的振兴与发展，农业农村的现代化建设与发展也不例外。人才队伍建设是实现乡村高质量发展的关键因素，也是乡村振兴战略顺利实施的关键环节所在。长期以来，影响和制约"三农"发展的最大障碍是人

才严重匮乏,乡村人才和乡村振兴之间仍然存在着供求矛盾,乡村人才的数量和质量与乡村振兴的现实需求存在较大差距。

最突出的问题是,乡村人才结构失衡,高质量人才匮乏。长期以来,乡村人才及劳动力大量外流,尤其是青壮年大量流向城市,造成乡村人才队伍结构上存在着年龄、性别、学历、从业等要素失衡的问题,而在人才综合素质方面也不免存在知识水平不高、能力参差不齐、主体意识不强等问题。其中,农村实用人才年龄结构的失衡现象尤为突出,农村实用人才趋近老龄化,如在乡村干部体系中明显存在青年干部比例偏低、中老年干部比例偏高的现象。高龄人才不仅可能带来体力与精力不够充沛的问题,还可能有对新生事物认识能力不足的问题,这不仅不利于带领广大村民实现乡村振兴,而且在一定程度上制约着干部队伍知识结构和治理理念的更新换代,进一步影响乡村基层党组织人才开发工作的持续开展,也使乡村自治干部队伍精英存量不足、更新迭代能力弱化现象更加突出,直接影响新时代乡村治理理念落地生根。就农民而言,小农分散性、乡村失序状况引发农民主体意识、权利意识的弱化,消解了农民的主观能动性,在一定程度上影响其参与乡村治理与乡村振兴的主动性和积极性。所以,乡村人才结构失衡,限制了人才的视野和发展空间,制约了人才队伍的成长和当地产业的可持续发展,进而影响乡村多元主体参与乡村自治的内生动力和能动意识,制约着乡村治理理念的进一步优化。

其次,乡村产业吸引力不足,难以留住人才。由于乡村人才队伍无法满足农业农村现代化建设的现实需要,所以地方基层政府积极构建渠道和平台,希望通过引入人才与留住人才相结合,进而缓解乡村人力资源老龄化、"空心化"现象。然而随着我国现代工业化的发展和城市化建设进程的加快,使得乡村发展空间不断被挤压,城市与乡村的差距越发明显,这也成为乡村无法引入和留住人才的根本原因。乡村如何引入人才、留住人才成为乡村人才振兴的难题。相对农村而言,城市具有吸引人才的综合条件优势。在中国现代化的发展进程中,城市发展更加迅速,在生活环境、发展机会、教育医疗、薪资待遇等方面无疑具有显著的优势,城市对人才的吸引力更强,尤其是城市第二、第三产业的快速发展,带来了更多的就业创业机会,进而造成乡村劳动力对农村土地的依赖性明显下降,选择到城市谋求发展,开始大规模向城市流动。相对城市而言,农村还不具备乡村人才自觉回流的现实条件。我国的村落和耕地存在分布不均、分散性等特点,生产与消费活动过于分散,这在一定程度上制约着乡村产业的集约式发展,第三产业所必需的基础设施也不能有效地向基层充分延伸,致使新的产业形式很难在农村形成初步规模效益。老龄化的乡村人才结构和分散性的传统产业模式,使得在依赖邻里和亲缘关系的传统熟人社会,自我生产、相互消费成为乡村延续至今的传统生活方式,这在一定程度上阻碍了乡村产业结构的转变升级。乡村产业的经营者文化程度不高、知识储备不足、学习能力不强,缺乏适应市场的经营技术和现代市场理念,不利于现有产业扩大规模。因此,原来固化的城乡二元结构虽有所松动但未完全被打破,影响城乡要素流动的体制机制障碍依然存在,农村生活环境不佳、产业发展受限、营商环境不优、就业平台较低、发展机会较少、文化娱乐设施滞后、社会保障体系和基础设施建设不够完善等问题依然突出,城乡收入水平和基本生活条件差距明显,乡村人力资本外流的现象较为严重,长久下来呈现恶性循环的局面,从而导致优秀人才难以引进,引进后也无法在乡村扎根。

再者,乡村人才供给与需求对接不洽,无法满足乡村社会的现实需求。随着农业农村现代化进程的加快,乡村振兴战略的实施需要一批有文化、有技能的应用型农业人才作保障,但是现有乡村人才供给却无法有效满足需求。从乡村人才需求来看,乡村经济社会发展既需要从事农

业生产经营和管理的人才及更新换代的专业技术,又需要管理服务领域的社会服务人才和党政干部,而乡村人才队伍呈现的结构失衡、质量不高、总数不足的供给现状,与乡村经济社会建设与发展的现实需求不匹配。就拿农业科技人才来说,虽然现代农业科技得到不断改进,但是大多数农业科技人才只有丰富的理论知识,实践经验却不足,而且主动选择涉农专业就业的意识较弱,往往存在被动入行、主动参与意识欠缺的现象,进而造成即使是专业出身,也存在难以扭转的"不爱农""不安农""不善农"的思想。同时,现代社会城乡二元结构的发展,农业农村发展的艰难历程和现状,涉农专业社会地位较低、行业回报率相对较低、工作环境相对较差等现实原因,也在一定程度上影响着全社会对涉农专业和行业的传统认知,进而影响农业科技人才对涉农行业的态度,导致他们难以建立和培养自觉深厚的农业情怀,最终主动或被动地选择了远离农村农业领域。同时,对于乡村人才的培养,当前的涉农教育和培训仍然存在培养定位与现实需求不匹配、科学研究与农业发展不同步、同质化现象严重、实践性与实用性不足等现象。涉农专业人才的培养没有真正做到"上接天气,下接地气",既没有充分地与国家乡村振兴战略有效衔接,也没有充分考虑农业农村发展的现实需求,这就直接造成乡村人才供给与人才需求脱节,农业人才的培养与乡村振兴的协同推进难以深度融合,使得乡村振兴难以得到源源不断的优质人才的有力支撑。

最后,体制机制与政策保障乏力,乡村人才发展环境有待改善。随着现代科技在农业农村发展中的拓展,乡村人才和农业经营管理者单纯依靠传统经验技术已经无法满足现代农业发展的需要,加上城乡融合发展过程中人力资本不平等的障碍,乡村优质人力资源大规模向城市单向流出,给乡村经济社会发展带来极大的挑战。当前,农村"空心化"问题日益受到社会各界的广泛关注,逐渐衍生出关于"乡村治理和乡村振兴主体缺失""乡村振兴面临农村劳动人口断代危机"的担忧。我们应当充分认识到,乡村人才不足在体制机制和政策保障上的深层原因,更应该看到完善的人才发展环境的缺失同样不利于改善乡村人才队伍建设的现实困境。乡村人才的大量流失无疑是城乡二元发展失衡的表现,城乡生活条件和环境差别大、农民社会地位低、农业效益增长慢、农村社会保障力度不足等各方面的现实状况是我国乡村人才流失的根本原因,究其根源是仍然固化的城乡二元结构。乡村人才结构现状的改善亟须不断突破和破除诸如城乡二元户籍制度等体制机制的藩篱,畅通城乡人才流动的渠道。同时,乡村现有的政策保障和人才发展体系,对于具有一定专业技能、较强经营管理能力和乡村治理能力的乡村内生人才开发利用不够,大多数政策措施还是针对管理,而在服务、支持、激励、保障等方面措施仍然不够完善,难以激发各类人才返乡创业、回乡就业、服务乡村和全面推进乡村振兴的积极性。

乡村人才振兴是乡村振兴的关键性因素。推进农业农村现代化,要充分明白乡村人才队伍建设与乡村有效治理、乡村振兴之间的逻辑关系。当前,亟须建设一支符合乡村经济社会发展实际的可持续的乡村人才队伍,但是,乡村优质人才的不断外流、引入人才与留住人才的各种壁垒、体制机制与政策保障的不足等问题,都加剧了乡村人才队伍与乡村现实需要之间的持续失衡。实施乡村振兴战略,需要不断激发乡村多元主体的内生动力和主体意识,因此,乡村人才队伍建设的现实困境是现阶段推进乡村振兴战略实施必须破除的瓶颈。

（二）乡村人才振兴的建设目标

农业农村人才是强农兴农的根本,没有人才的支撑,乡村振兴难以推进实施。当前,推进乡村全面振兴的关键在于建设一支符合乡村经济

社会发展现实需要的乡村人才队伍,就是要让更多人才愿意来、留下来、干得好、能出彩,要使人才数量、结构和质量能够满足乡村振兴的需要。习近平同志指出,乡村振兴,人才是关键。要积极培养本土人才,鼓励外出能人返乡创业,鼓励大学生村干部扎根基层,为乡村振兴提供人才保障。农民是乡村振兴的主力军,要充分认识和发挥农民在乡村振兴中的内生价值和主体作用,要就地培养更多爱农业、懂技术、善经营的新型职业农民。要通过富裕农民、提高农民、扶持农民,让农业经营有效益,让农业成为有奔头的产业,让农民成为体面的职业,这就需要始终把促进城乡共同富裕作为推行乡村人才振兴和乡村全面振兴的出发点和落脚点,从而激发亿万农民的主动性、积极性和创造性。

十八大以来,党中央、国务院对农业发展和农业人才队伍建设始终保持高度的关注,党的十九大报告提出实施新型农民培育工程。只有不断加大乡村所需的各类人才的培养力度,为引入和留住人才破除体制机制壁垒,为农业和农村发展提供人才支撑,才能更有力度地推进乡村振兴。2021年2月,中共中央办公厅、国务院办公厅印发的《关于加快推进乡村人才振兴的意见》作为指导新时代乡村人才工作的纲领性文件,系统地提出了"农村工作干部培养锻炼、乡村人才培养、各类人才定期服务乡村"等工作机制和任务要求,同时提出了"到2025年,乡村人才振兴制度框架和政策体系基本形成,乡村振兴各领域人才规模不断壮大、素质稳步提升、结构持续优化,各类人才支持服务乡村格局基本形成,乡村人才初步满足实施乡村振兴战略基本需要"的目标任务。

为了全面推进乡村振兴,加快农业农村现代化,培养一支高素质农业农村人才队伍,更好地推进乡村人才工作有序进行,2021年12月,中央农村工作领导小组办公室和农业农村部依据《中华人民共和国乡村振兴促进法》《中国共产党农村基层组织工作条例》《关于加快推进乡村人才振兴的意见》《"十四五"推进农业农村现代化规划》等重要文件编制印发了《"十四五"农业农村人才队伍建设发展规划》(以下简称《人才规划》),该规划指出在全面建设社会主义现代化国家新征程的历史节点,"三农"工作在开新局、应变局、稳大局中的重要地位愈加凸显,全面推进乡村振兴,加快农业农村现代化,迫切需要建设一支与其相适应的人才队伍。作为指导全国各地结合乡村人才工作的实际,积极开展人才培养的专题调研和系统推进工作的专门文件,《人才规划》正视农业农村人才队伍建设面临的现实困境和严峻挑战,明确提出"到 2025 年,初步打造一支规模宏大、结构优化、素质优良、作用凸显,以主体人才为核心、支撑人才和管理服务人才为基础的农业农村人才队伍,形成各类人才有效支撑农业农村发展的新格局,促进农业农村高质高效、乡村宜居宜业、农民富裕富足,为全面推进乡村振兴、加快农业农村现代化提供强有力的人才支撑和智力保障"的发展目标。

《人才规划》明确农业农村人才队伍建设 4 个方面的具体发展目标。一是人才队伍规模稳步壮大。主体人才队伍持续壮大、支撑人才队伍充实做强、管理服务人才队伍更加优化,打造一支推动乡村振兴的主力军,更好地满足农业农村发展需要。到 2025 年,培育家庭农场主、农民合作社理事长等乡村产业振兴带头人 10 万人,辐射带动 500 万新型生产经营主体负责人发展壮大;农业科研人才量质双升,"神农英才"等领军人才有效增加;农业产业化国家重点龙头企业家超过 2 000 人;返乡入乡创业人员超过 1 500 万人,其中农村创业带头人 100 万人。二是人才结构和素质明显优化。适应新产业、新业态发展要求的各类人才不断涌现,支持保障和示范引领的能力素质全面提升,人才结构和布局更加合理,人才供给更加有效,高层次领军人才比重进一步增加。三是人才作用发挥更加充分。农业农村人才在保障粮食和重要农产品有效供给、提高农业质

量效益和竞争力、提升产业链供应链现代化水平等方面技术支撑更加牢固，在深化农村改革、提升乡村治理能力、加强乡村建设等方面的关键引领作用更加凸显。四是人才机制和环境不断优化。人才培养开发、评价发现、选拔使用、激励保障机制不断健全，人才队伍建设的资源要素投入大幅提高，人才是第一资源理念更加深入人心，有利于人才发展的政策环境和良好氛围进一步巩固。

《人才规划》立足新发展阶段、贯彻新发展理念、构建新发展格局、推动高质量发展，围绕"三农"领域中心工作，制定了农业农村人才队伍建设的发展目标，同时指出要坚持"分类施策、分层推进、分工协作"的工作思路，创新体制机制，完善政策体系，打造平台抓手，优化发展环境，全方位培养、引进、用好人才，促进人才下乡、返乡、兴乡，激发人才活力，吸引各类人才在乡村振兴中建功立业，为全面推进乡村振兴、加快农业农村现代化发展提供人力支撑和智力支持。

可以说，《人才规划》作为新时期乡村人才振兴的指导性文件，为乡村人才队伍建设画好了蓝图，也打造了框架，各级地方政府应该以此为参考，联系地方发展实际和人才队伍现状，营造良好的创业环境，制定人才、财税等优惠政策，为人才搭建干事创业的平台。同时，要积极培养本土人才，鼓励外出能人返乡创业，鼓励大学生村干部扎根基层，建立引导和鼓励高校毕业生到基层工作"下得去、留得住、干得好、流得动"的长效机制，为乡村振兴提供人才保障。正如习近平同志所说，要推动乡村人才振兴，把人力资本开发放在首要位置，强化乡村振兴人才支撑，加快培育新型农业经营主体，让愿意留在乡村、建设家乡的人留得安心，让愿意上山下乡、回报乡村的人更有信心，激励各类人才在农村广阔天地大施所能、大展才华、大显身手，打造一支强大的乡村振兴人才队伍，在乡村形成人才、土地、资金、产业汇聚的良性循环。

▶ 第二节　新乡贤推进乡村人才振兴

实现乡村振兴的关键在于发挥农民在乡村振兴中的主体性作用,以内生动力推动乡村振兴。当前,乡村发展面临空心化、空巢化、老龄化的困境,缺乏能够带领广大农民致富的乡村精英,内生发展动力缺乏。因此,乡村振兴战略实施需要具有主体性的乡村精英的回归。新乡贤是乡村振兴中的重要主体,他们具有较高的道德品行、较强的技术能力、丰富的政治经济资源,同时他们还熟悉乡土规则、乡风民俗,并且还具有浓厚的乡土情怀和天然的反哺桑梓的文化基因。因此,新乡贤能够有效壮大、优化乡村振兴人才队伍,进一步激发乡村振兴内生动力,破解乡村振兴中人才紧缺的现实问题。

一　新乡贤推进乡村人才振兴的优势

随着乡村振兴的推进,人才振兴的重要性逐渐突显。改革开放以来,城市化进程逐渐加快,城乡差距日益加大,无论是就业机会、生活条件、教育医疗、薪酬福利等,相较农村,城市具有显著的优势,因此,受城市虹吸效应影响,大量乡村青壮年劳动力从乡村流向城市,使乡村人才流失严重。当前,影响和制约"三农"发展的最大障碍是乡村人才的数量和质量与乡村振兴的现实需求存在着供求矛盾。如何挖掘多样化的乡村潜在人才及如何将人才留下来、引进来、稳得住,成为乡村人才振兴的关键。

新乡贤推进乡村人才振兴是时代的需求。进入新发展阶段,农业农村发展过程中的人才缺口问题日益凸显,社会各界高度关注。十八大以

来,历年中央一号文件和《乡村振兴战略规划(2018—2022年)》等国家政策文件多次提及"培育新乡贤文化",提出要创新乡贤文化,弘扬善行义举,以乡情乡愁为纽带吸引和凝聚各方人士支持家乡建设,旨在通过发掘乡村多元力量共同致力于乡村建设和乡村振兴。新乡贤作为新时代基层协商民主的实践主体,作为新时期乡村内生发展动力的重要力量,在扶贫济困、乡村治理、产业发展、涵养民风等方面能够发挥关键作用。乡村社会发展的现实需求,是新乡贤参与乡村人才振兴的机遇,作为与乡村有着密切联系的新乡贤,必然需要肩负起时代发展的大任,成为破解乡村人才紧缺问题的重要因素,为乡村振兴战略凝聚民间智慧,释放人力资本活力,注入强大正能量。

新乡贤是乡村人才队伍稳步壮大的重要力量。中共中央办公厅、国务院办公厅印发的《关于加快推进乡村人才振兴的意见》提出,到2025年乡村振兴各领域人才规模不断壮大。全面建成社会主义现代化强国最困难的区域在农村,全面推进乡村振兴的关键是人才。新乡贤与乡村有着密切的血缘、地缘,又或是业缘关系,对乡村社会事务的知晓度较高、参与意愿较强。在乡愁情结与乡土意识的影响下,新乡贤愿意回报乡村社会,无论是"留下来",还是"引进来",只要"稳得住",就可以借助他们的个人威望、技能资源、社会关系等,吸引更多的人返乡就业、创业、投资等,为乡村社会经济发展注入更多人才力量。

新乡贤是优化乡村人才结构和素质的重要来源。乡村人才振兴,不仅需要数量上的增长,更需要人才结构和素质的进一步优化。城乡二元发展模式使得城市越发繁华,乡村日渐凋敝,乡村青壮年人口单向流向环境更优、机会更多、福利更好的城市。而全面建成社会主义现代化强国就必须正视和解决乡村发展的现实问题,乡村振兴战略的实施,更是需要一批符合农业农村发展实际的人才队伍。大部分新乡贤正值青壮年,他们的加入,有助于改善乡村人口的年龄结构,为乡村人才队伍注入新的活力;新乡贤丰富的人生阅历和知识背景,能够在深化农村改革、提升乡村治理能力、加强乡村建设等方面带来新的理念和新的思路;新乡贤接触外界事物较多,了解乡村以外的多方信息,积累了广泛的社会关系资源,也拥有乡村振兴所需要的高新技能和产业资源,他们不仅可以结合经济社会现状有效拓展乡村新的产业、新的业态,也能够在提升农业质量效益和竞争力、提高产业链和供应链现代化水平等方面提供技术支撑,使得新产业、新业态在健康有序的乡村经济社会发展环境下持续发展壮大。

新乡贤是优化乡村人才振兴机制环境的重要因素。建立健全乡村人才培养机制和激励机制是推进乡村人才振兴的关键选择。党的十八大以来,国家高度重视农业农村的发展进步,无论是人才培养还是产业发展方面,都给予了很大的政策倾斜,但仍然难以有效解决乡村振兴中人才缺乏的现实问题,当下乡村也未能建立系统全面的人才管理机制。长期的城乡二元发展,带来的最大后遗症或许是城市中心化、乡村边缘化,进而导致乡村"空心化"。人口结构变化的表象问题是乡村青壮年人口不断涌向城市,而直接的问题就是基层治理复杂化。长期在外务工的人员适应了城市的发展节奏,乡土观念和集体意识淡化,归属感和认同感随着时间的推移也渐渐地消退,作为乡村治理基础的内生秩序也逐渐瓦解。精英的流失,使村"两委"执行力和解决问题的能力有着不同程度的下降,进而致使治理机制逐渐失效。而新乡贤可以利用自身的权威感召和动员村民积极参与乡村的发展,协助村"两委"进行乡村的治理,从而提升农村的治理效能,为乡村政治、经济、文化和公共事务的发展提供助力。同时,新乡贤还可以在乡村人才培养开发、选拔使用、建立健全激励保障机制等方面为基层政府和相关部门提供思路、建言献策,为进一步

壮大、做强、优化乡村振兴人才队伍营造良好氛围。

由新乡贤群体组成的德才兼备的贤能人士队伍,是乡村振兴的重要人才来源。在实施乡村振兴战略的背景下,吸引新乡贤群体助力乡村社会经济建设和发展,是符合新时代乡村建设的目标和要求的,也是乡村社会发展的现实呼声。而新乡贤群体基于历史传统、文化基因和自身特征,在壮大乡村人才队伍、优化乡村人才结构和素质、优化乡村人才振兴机制等方面都具有显著的优势。因此,需要进一步优化新乡贤人才政策扶持机制,创新新乡贤人才引入使用方式,真正使新乡贤成为一支助力乡村人才振兴的强劲力量。

二 新乡贤推进乡村人才振兴的路径

为了更好地推进新乡贤助力乡村人才振兴,政府、社会、乡村需要多方合力,进一步营造促进新乡贤人才返乡的文化氛围、优化新乡贤人才扶持政策、创新新乡贤人才培养路径、拓展新乡贤人才参与渠道,真正让新乡贤"回得来""干得好""留得住",为乡村振兴注入源头活力。

首先,需要营造新乡贤文化氛围,激发新乡贤返乡内生动力。新乡贤文化是对我国传统乡贤文化的复兴和传承,在中国传统社会,乡规民约在构建乡村社会秩序中发挥着重要的作用,也体现了村民自治的基本精神和历史传统。受中国传统文化影响,很多从乡村走出去的精英都对家乡怀有深厚的桑梓之情,还有着济世安民的抱负。这些朴素的乡土情怀为新乡贤参与乡村振兴提供了最基础的心理动因。在新时代,新乡贤是社会主义核心价值观的积极倡导者和实践者,应鼓励他们将社会主义核心价值观与乡村社会的风俗习惯、村规民约、家训家规有机结合起来。同时,应结合地方特色,深入挖掘传统乡贤文化资源,通过开展"寻找最美新乡贤"等活动,深入宣传道德模范、身边好人的典型事迹,弘扬真善美、传播正能量,在全社会形成礼敬新乡贤的良好文化氛围,从而增强新乡贤在乡村社会和广大群众中的文化认同感和号召力,从精神层面强化新乡贤的根脉归属感,进一步激发新乡贤参与乡村振兴的内在动力。

其次,需要优化新乡贤扶持政策,破除新乡贤返乡壁垒。 新乡贤推进乡村人才振兴需要激发内生动力,更需要政府不断优化新乡贤返乡的政策环境,破除新乡贤返乡的政策壁垒,为促进人才振兴托底。现阶段,各地方基层政府在新乡贤人才的引入过程中起主导作用,应结合地方特色,在吸纳多方面意见的基础上制定科学合理的新乡贤人才引入政策,辅以出台配套的人才激励政策,增强新乡贤返乡的获得感、自信心和自豪感。同时,新乡贤中有很多是致富能手,他们不仅积累了丰厚的财富资源,还有着丰富的人生阅历和多元的社会关系网络,这些对于家乡建设来说都是巨大的财富。在当前国家鼓励大众创业、万众创新的时代背景下,地方政府可以围绕地方经济社会发展现状,优化创业创新环境,以产业扶持、税费减免、融资贷款等优惠政策,吸引新乡贤回乡创业,助力家乡建设。除此之外,服务保障政策需要落实到位。基层政策应结合当地实际情况,协调民政、教育、医疗卫生、财政等部门制定礼遇新乡贤的相关社会公共服务优惠政策,消除新乡贤后顾之忧,激发新乡贤服务乡村社会发展的决心,真正做到"回得来",也"留得住"。

再次,需要进一步创新新乡贤培育路径,推进新乡贤人才梯队搭建。 乡村振兴,需要多元主体共同发力,更需要各类人才源源不断地致力于乡村建设。从乡村人才振兴发展的现状和新乡贤人力资源开发的角度来说,单纯依靠引进来的新乡贤远远不够,需要构建"传帮带"的新乡贤培育机制,坚持人才"输血"和"造血"双管齐下的原则,推进新乡贤人才梯队建设健康有序地开展。新乡贤群体中有从政经验丰富的离退休老干部,他们的回归不仅可以发挥余热,更好地服务家乡建设,还可以通过自

身丰富的工作经验和学识阅历影响乡村基层干部和青年人才,带领他们成长为新时代乡村有效治理的中坚力量。新乡贤群体中更有活跃在产业、技术等各个领域的贤能人士,可以结合地方农业农村发展需要,通过合作的方式,聘请他们就乡村治理、农业发展、生态文明建设等主题,为乡村干部、广大村民传授先进理念和创新技术,培育乡村社会本土的乡村治理能人和农业生产能手,为新乡贤人才培养增添力量,进一步推进新乡贤人才梯队搭建。

最后,拓展新乡贤参与基层社会治理渠道,搭建新乡贤人才使用平台。要让新乡贤在农业农村发展中"干得好",就要为新乡贤提供广阔的用武之地,进一步拓展新乡贤人才参与乡村经济社会发展的渠道,创新新乡贤人才使用机制,让他们有更多的机会为家乡建设贡献自己的力量。农村基层党组织和村民自治委员会是乡村自治的重要组织,也是国家和政府权力与村民自治权利有效互动的组织平台。新乡贤延续传统乡贤充当国家与社会、政府与公民之间沟通桥梁的传统和优势,能够起到"上情下传,下情上达"的作用。作为乡村基层社会自治的领导力量,农村"两委"应有效利用新乡贤的这一优势,通过建立民主协商会、情况通报会、意见征求座谈会等常态化的工作机制,积极推进新乡贤有效参与乡村治理。同时,新乡贤人才中不乏各行各业的专家学者,他们对乡村社会的经济发展和社会治理具有"新型智库"功能,地方政府以基层人大和政协机关为平台,为新乡贤参政议政、建言献策提供可靠的组织渠道。新乡贤群体有着为家乡建设贡献自身力量的共同目标追求,从某种意义上说,是一个自治共同体。因此,通过成立乡贤理事会、乡贤参事会、乡贤工作室等专门的组织平台,为新乡贤有效参与乡村治理提供保障,这不仅能够让新乡贤群体找到组织归属感,也能激发新乡贤群体积极参与乡村公共事务治理的积极性。

乡村人才振兴不仅要关注"回得来"的问题,在农业农村迅速发展和全面建成社会主义现代化强国的时代背景下,更应该关注"干得好""留得住"的问题。新乡贤的参与,在一定程度上改善了乡村振兴人才不足的困境,多元主体的整合,带来了更多的资源和力量,成为实施乡村振兴战略的重要人力保障。通过营造新乡贤人才返乡文化氛围、优化新乡贤人才扶持政策、创新新乡贤人才培育路径、拓展新乡贤人才参与渠道,使新乡贤在乡村振兴中找到成就感、获得感,成为乡村振兴中稳定的人才力量。

▶ 第三节　案例:乡贤文化"持灯者"与"90后"新农人

一　陈秋强——上虞乡贤文化的"持灯者"

上虞舜秀路乡贤文化广场的旁边有一座二层小楼,乍看并不起眼,推门进去才知道是乡贤馆。"侬好,这里面都是我们上虞的文化宝藏。"80岁的浙江上虞乡贤研究会会长陈秋强总是这样跟来访者说。

陈秋强,1943年出生,上虞人,中共党员。他曾是上虞曹娥中学的校长,后来南下创业经商,但心系家乡,事业正顺风顺水时,他毅然选择了重回故土,几乎将他全部的精力投入在上虞乡贤文化的挖掘、抢救、复兴上。

乡贤研究会的成立,陈秋强是核心推手和幕后英雄。20世纪90年代末,陈秋强听人说上虞的广陵村是嵇康的故乡,好奇心驱使他去了解并挖掘其中的奥秘。但村里长者已去,记载资料尽数遗失,无迹可查,陈秋

强为此感到十分遗憾和痛心，同时他也意识到，"挖掘抢救历史文化，要抓紧，要有抢救意识"。"上跑山头，下跑海头，田野采风"，从此，临近退休的陈秋强踏上了一条"和时间赛跑"、抢救乡贤文化的路。

2001 年 1 月 6 日，上虞乡贤研究会成立，成为全国范围内第一个以"乡贤"命名的民间社团。时任全国政协副主席、虞籍乡贤经叔平勉励道："乡贤精神，薪火传承"。研究会成立后，陈秋强跑得更远了，他还去了北京、上海、深圳、香港甚至海外。如今，21 年过去了，在他的带领下，上虞乡贤研究会寻访接待乡贤游子逾 3 000 人次，收集、撰写、整理、编纂乡贤文化史料书籍 50 余部(册)，抢救濒危乡贤遗址、遗迹 50 余处，举办各类乡贤文化研讨会、交流会等 30 余次，发表各类文章 1 000 余篇，累计解难事、办实事、做好事 100 多件。上虞乡贤研究会不仅被誉为"一扇宣传上虞的窗口"，还是老百姓心目中的"一座家乡游子的连心桥"。

谈到挖掘乡贤文化、创造乡贤研究会的初衷，陈秋强这样说："当初我在广东办厂时，有人会问我，'陈厂长你是哪儿人啊？'我担心说上虞人家不知道，一时不知道怎么回答。后来我就说'谢晋是我的老乡，我们都是上虞人。'对方一听肃然起敬，连说'上虞是个好地方。'这次经历让我印象非常深刻，乡贤的知名度就决定着我们上虞的知名度，所以乡贤文化是一笔宝贵的财富，我要想办法让它复兴。"见得越多，他也越来越相信乡贤文化是家乡发展的一座富矿。

陈秋强回到上虞后，不仅带领乡贤文化研究会挖掘整理资料、加强对外联络，他还让年轻一辈的新乡贤进入家乡人的视野。例如：在联合国总部任高级翻译的上虞籍乡贤唐晓铨，多次携家人返回上虞，成立"唐天心奖学金"，奖励、资助家乡中小学优秀学子和贫困学生；以新乡贤为主要成员的专业民间调解机构——"老娘舅工作室"广泛参与乡村治理；疫情期间，乡贤们积极行动，在物资援助、用工对接、防境外输入等方面提供了有力支持。

资金回流、项目回归、信息回传、人才回乡……"乡贤是县域发展的'幕后英雄',这话不会错的。"说起乡贤们创造的实打实的成果,陈秋强如数家珍。据统计,近5年来,上虞由新乡贤出资的公益基金项目达190个、金额超过20亿元,乡贤们引进回归项目69个,回归资金达80.2亿元。

"挖掘、抢救乡贤文化史料固然重要,但乡贤文化资源只有为社会发展所用,乡贤文化的传承才是活的传承,这种传承才有意义。"陈秋强说。如何在年轻一辈中传承与发扬上虞乡贤文化矿脉? 陈秋强始终没有忘记曾作为一名教育工作者的情怀。在他的提议下,上虞区57所中小学设立了乡贤分会,让学生们沐浴在乡贤文化中。另外,各学校每年与相关部门合作开展新乡贤培育"青蓝工程",给学子们种下一颗爱家乡的种子,让乡贤文化、乡贤精神植根于年轻人心中。

"新乡贤培育'青蓝工程',寓意来自'青出于蓝而胜于蓝'。"讲到这里,陈秋强眼中闪着光,"我们就是想依托上虞丰厚的乡贤文化资源,引导青年一代知乡贤、学乡贤、传乡贤。慢慢地,这些青年当中一些优秀的一定会成为新乡贤。"

陈秋强被评选为2021年度"最美浙江人·最美乡贤"。

二 王义强——"90后"新农人

12年寒窗苦读,为的是走出乡村,但学有所成后,他却又放弃了城里优越的工作,带着对家乡的热爱和创新的想法回乡创业,成为合肥市现代农业发展的致富带头人,为乡村振兴注入了新动能。他就是杨庙马郢社区"90后"创客之星、"合肥五四青年奖章"获得者王义强。

"90后"的王义强,是土生土长的长丰人。长丰县马郢村曾经是一个一穷二白的"三无村",2015年,一个以旅游扶贫为主要任务的"马郢计

划"应运而生。结合"马郢计划",马郢人将目标瞄准成长教育和乡村生活两大主题,主攻乡村亲子游,把村庄、田野和乡村生活作为乡村旅游的主打产品,让农户成为乡村旅游的受益者。

王义强来到马郢村后,流转了 150 亩土地创办农场,进行生态种养及农村旅游业务,并通过推行"订单种植"的模式,带动 10 余户贫困户脱贫致富,帮扶马郢及周边农户、农业企业获利增收近 30 万元。

2019 年,王义强成立了马郢乡村旅游合作社,为马郢"创客"搭建交流、学习的平台,架起高校和社会力量支援乡村的桥梁,累计举办马郢乡创学堂 16 期,为村民创业、兴业提供全方位支持。同时,他还邀请各行业大咖为马郢发展群策群力,举办"语言艺术赋能乡村"主题沙龙、"艺术与乡村融合"主题沙龙、"马郢寻根徽文化"主题沙龙等 10 余场文化活动。马郢乡村旅游合作社不仅在文化旅游上做出了巨大的贡献,也帮扶马郢及周边多家农户及农业企业获利增收近 30 万元。

在帮扶销售农产品的基础之上,马郢乡村旅游合作社联合马郢"创客"及高校资源,对农产品的设计包装开展"品牌赋能项目"。通过品牌赋能方案的实施,优化产业结构升级。王义强说:"马郢的'创客'从 0 个到现在的 33 个,村集体收入从开始的 8 000 元到去年的 120 万元,村民们实现了在家门口就近务工的愿望。"随着"马郢计划"的不断推进,如今马郢社区的环境、面貌已发生了翻天覆地的变化,越来越多的村民返乡发展,投身美丽乡村建设。

一个学计算机的年轻人,却毅然辞去稳定工作选择了农场经营、农业生产。对于这个决定,王义强是这么解释的:"那时候初生牛犊不怕虎,觉得田园生活有意思就来了。"谈到这几年的经营经历,他坦言"农业这行,真是越深入就越能体会中间的艰难。但这段宝贵的经历让自己在同龄人中,用同样的时间看到了更多的风景。"

　　而身为新乡贤，王义强的"新"并不只体现在他的年龄上，更多的是体现在属于年轻人脑袋中的创意，因此才让他在马郓打下了一片天地。为了给工作人员们提供一处舒心的住处，马郓社区决定建一座临时客栈。"随着游客越来越多，我想着要不要尝试把我们的住处打造成具有乡村情怀的民宿，成为吸引游客留下来的一块招牌。"田园风光、小龙虾主题房、林间趣事……每一个乡村气息满满的元素，在王义强和伙伴们的设计下，化为了一间间潮流雅致的客房。乡间民宿成为马郓社区的一块闪亮招牌，在节假日的夜晚让游客们流连忘返。

　　从曾经的省级重点贫困村、"空心村"，到如今声名远播的旅游村、"网红村"，短短数年时间，马郓的变化可谓翻天覆地。而王义强也凭着一股韧劲和独特的发展思路，为建设"幸福马郓""美好马郓"贡献出自己的一份力量。

具有几千年悠久历史的农耕文明所滋养出的乡土文化,不仅保留了宝贵的历史记忆,还在现实社会中不断吐故纳新。它是新时代实现乡村振兴的"精气神",它渗透乡村振兴的全过程、各领域,是助推乡村全面振兴的内在动力和精神定力。习近平同志指出:"乡村振兴,既要塑形也要铸魂,要形成文明乡风、良好家风、淳朴民风,焕发文明新气象。"2018年中央一号文件明确提出,要深入挖掘农耕文化蕴含的优秀思想观念、人文精神、道德规范,充分发挥其在凝聚人心、教化群众、淳化民风中的重要作用。乡贤文化作为传统农耕文化的重要组成部分,时代赋予了它新的内涵和表现形式,应该得到保护和传承,应当得到创新性发展和创造性转化。

▶ 第一节 文化振兴:乡村振兴的灵魂

文化建设事关民族兴衰,事关国家发展全局。文化兴则国家兴,文化强则民族强。乡村是中华传统文化的发源地,乡村文化缘于农耕文化,是农民群众的精神引领。从定义上看,乡村文化主要是指乡村群众在农业生产和生活实践中逐渐形成和传承下来的特定的行为方式、风俗习惯、道德风尚、价值观念、是非标准和人生理想等,主要表现为乡规民约、物质生产生活和道德标准等非物质形式,潜移默化地影响着乡民的社会实践活动、认知活动和思维方式。作为我国传统文化的精神命脉和生命根基，乡村文化为乡村和乡村群众的全面发展，以及中华优秀传统文化的传承提供强大的精神动力和智力支持，发挥着不可替代的重要作用。

乡村文化振兴则是指在加速推进城镇化的过程中，面对乡村文化逐渐被蚕食、传统道德风尚和价值观念逐渐被消解等困境，汇聚多方力量，综合施策，协同共进，激发新时代乡村文化发展内生动力，重构乡村文化内涵，重振乡村文化信心，重塑乡村文化形象，进而实现城乡融合发展的一项重要战略举措。乡村振兴战略是新时代下管根本、管全局、管长远的一项复杂系统工程，乡村文化振兴作为其重要组成部分，对增强新时代乡村发展活力和提升乡村文化软实力具有重大意义，有助于加速与驱动新时代中国特色社会主义乡村的发展。正如习近平同志所说："实施乡村振兴战略不能光看农民口袋里票子有多少，更要看农民精神风貌怎么样"。

一 乡村文化发展的现状

从远古到现代，文化一直是社会发展的重要议题。文化振兴作为新时代的发展目标，是乡村振兴的重要环节和组成部分。我国对"三农"工作的重视程度不断提升，乡村文化发展取得了一定成就，但还存在着乡村"空心化"现象突出、基础设施建设相对落后、干部队伍质量有待提升等诸多现实困境，这些问题和困境都是进一步推进乡村文化振兴的阻碍。

尽管网络信息技术的发展让农村能够享受到和城市一样便利的网络资源，但农民往往借助于网络观看一些没有营养价值的短视频，无法真正促进文化的繁荣发展。在大城市打拼的青壮年返回家乡时，也会将城市的价值观念带回乡村，对固有的乡村文化和价值观念产生冲击，农

民对农村的乡土情结逐步淡化，对乡村文化的认同感和归属感日益降低，这都不利于乡村文化的发展和振兴。此外，西方享乐主义、个人主义、拜金主义等价值观念流入我国，对我国现有的文化价值观造成冲击，同时农村存在的家庭空巢化、人际关系商品化等问题也日益凸显。总之，农村内部大小各类矛盾突出，使农村基层社会矛盾处于易发、多发期。

除此之外，农村文化基础设施建设相对城市较为落后。基础设施建设是文化建设的硬件支持，也是文化振兴的重要手段。各地区对基础设施的投入力度不断加大，东西部之间、沿海和内陆之间、城乡之间的差距不断缩小。一大批文化站、文化馆和旨在提升本地区文化服务水平的场馆拔地而起，有效地满足了群众的文化需求。但是，这些基础设施往往存在地区差异，或是建成后因疏于管理而沦为摆设，无法真正发挥其在促进人民文化需求方面的作用，同时还存在不同地区的基础设施供给不足和资源闲置之间的矛盾。此外，乡村文化服务有时流于形式，走过场、求业绩、重牌面、轻实效问题尚存，既无法满足农民的需求，又难以促进文化的内涵式发展。

文化对一个国家、一个民族的影响是潜移默化、深远持久的。当前基层对乡村文化振兴的认识不足，将资源更多地用在可以获取短期收益的工作上，下大气力招商引资，将更多精力放在发展经济和改善民生上。如果仅重视一部分地区或某一领域的发展，忽视或弱化文化建设，必将影响我国发展的战略全局。

文化振兴，人才队伍是中流砥柱。为了高质量发展乡村文化，我国选拔调用了一批干部到基层工作，希望他们能够为乡村发展贡献智慧和力量，但这一基层干部队伍质量良莠不齐。在实际工作中，一些工作人员存在着积极性不高、疲于应付、缺乏创新性等问题，未能充分发挥主观能动性，甚至还有一些基层工作人员对人民群众提出的需求置若罔闻，漠视群众的实际需要。这些现象和问题的存在,无疑成为阻碍乡村文化振兴的绊脚石。

在乡村思想观念方面,当前也还存在不少亟待提升的问题。

首先,乡村道德风尚与乡村群众思想价值观念有待提升。我国是一个传统农业大国,我国社会是一个熟人社会,我国乡村更是一个以血缘、地缘和亲缘为纽带的保守村落。正如著名社会学家费孝通先生所言:"人们在区域间接触少,生活隔离,各自保持着孤立的样子。乡土社会在地方性的限制下成了生于斯、死于斯的社会。常态的生活是终老是乡。"一方面,因长期受到我国传统自给自足的小农经济影响,因循守旧的小农意识、安土重迁的文化心理、小富即安和知足常乐的生活心态在乡民心中早已根深蒂固,乡村生活的封闭性与乡村文化的凝固性导致乡民排斥外界新鲜事物,不愿吸收世界先进文化精华,惯于固守陈旧落后的思想价值观念。另一方面,在城镇化过程中,受外来多元文化和市场经济的影响,部分乡村的以"仁义礼智"等为代表的儒家文化和重义轻利、尊老爱幼、夫妻互助、邻里和睦等道德观念淡化,导致乡村人际关系功利化和商品化、传统家庭观念淡化,如个别乡村在婚丧嫁娶方面大操大办、挥霍无度,收取"天价彩礼"等新闻被多次报道,突破传统道德底线,违背伦理道德。这都使乡村社会公德失范现象严重,乡村社会的稳定性被动摇。因此,乡民的思想价值观念亟须转变,乡村的乡风、家风与民风亟待重建。

其次,乡村文化共同体意识不强。在经济全球化和文化多元化的时代浪潮下,"地球村"上存在的任何一个村庄都逃离不了全球文化的渗透和影响。同时,随着互联网、大数据和人工智能等技术的突飞猛进,各种网络文化、城市文化与西方外来文化正在乡村的各个角落蔓延。面对以美国为首的西方发达国家大肆宣扬其所谓的普世价值观,文化霸权主义盛行,乡村传统文化在西方文化的强势入侵下逐渐被蚕食,导致中国乡

村传统文化自我怀疑、自我否定,甚至自我解构。据调查显示,2000年至2010年,我国自然村从360万个减少至270万个,10年间每天约有250个自然村被彻底吞噬,包括具有传统文化特色的古村落。乡村的快速消失,乡村文明的逐渐衰落,乡村文化共同体的日益消解,致使乡村传统文化逐渐湮没成一个"代名词"或是一种没有实质意义的文化符号。乡村群众的文化自信心备受打击,在乡村的青少年群体中,"乡村文化已经过时""乡村文化没有传承和弘扬的意义与价值"等错误观念盛行,他们逐渐抛弃自己的乡土文化,崇拜所谓的"异乡"文化。新时代是一个价值观念和文化理念多元的时代,独特的乡村文化资源因乡村文化共同体的日趋消解难以被挖掘和利用,乡村文化振兴需将乡村文化共同体的重建放在首位,以浓浓的乡情和乡愁为纽带,才能真正守住乡村文化的根脉与魂魄。

受乡村文化整体经济发展水平的制约,乡村公共文化基础设施与公共文化服务不完善、乡村文化教育质量不高、公共文化资源利用率和文化产业效益低下等问题突出,这些问题严重影响乡村文化建设和全面发展。虽然近年来乡村经济发展水平在逐步提升,但整体提升速度相比城市较为缓慢,这是新时代乡村文化建设的一大短板。马克思说:"人们自己创造自己的历史,但是他们并不是随心所欲地创造,并不是在他们自己选定的条件下创造,而是在直接碰到的、既定的、从过去继承下来的条件下创造。"要补齐新时代乡村文化建设短板,繁荣发展乡村文化事业和文化产业,需从乡村文化发展和乡村群众的文化需求实际出发,才能守住一方乡土、养育一方乡民、留住一方乡贤,实现乡村文化的全面振兴。

另外,乡村文化人才队伍建设存在供需矛盾。新时代城市化与市场化进程的加快,造成乡村人才大量流失,乡村文化传承主体断裂。孙立平教授认为:"我国处在一个断裂的社会时期,也就是几个时代的成分同时并存,是一个相互之间缺乏有机联系的社会发展阶段。"其原因主要在于：一是难以有效平衡传承和保护乡村文化的紧迫性与乡村文化传承主体的断裂性，乡村传承主体特别是青少年群体文化自觉和文化认同感逐渐丧失，缺乏传承和保护乡村传统文化的积极性和主动性；二是乡村文化教育事业发展落后，乡村群众整体文化知识水平有待提升。乡村文化教育事业发展的落后，致使乡村文化人才供给严重不足，难以有效满足乡村文化建设的需要。新时代乡村的整体文化水平不利于推进乡村现代化，需要加大乡村文化人才队伍的培育和供给力度，而且不仅需要培育乡村本土人才，还要吸引外来新乡贤回乡创业，为新时代美丽乡村建设提供智力支持。

乡村振兴是一个有机统一的整体，也是一项庞大的系统工程，不仅要在产业、人才、生态和组织上振兴，更要在文化上振兴。文化是一个国家、一个民族的灵魂，是社会发展的"根"和"魂"，缺少了优秀文化的滋养，乡村振兴就缺少了灵魂。文化振兴是新时代推进乡村全面振兴的灵魂和重要组成部分，它不仅是乡村振兴战略的应有之义，而且对生态振兴、组织振兴、人才振兴具有重要引领和推动作用，同时为乡村振兴提供产业发展动能和发展环境保障。

文运同国运相牵，文脉同国脉相连。实现人民对美好生活的向往，是我们党一以贯之的奋斗目标。改革开放 40 余年来，我国经济发展实现质的飞跃，经济总量跃居世界第二，成为世界第二大经济体，创造了世所罕见的"中国奇迹"，完成脱贫攻坚目标，全面建成小康社会成为现实，为其他国家的发展贡献了智慧和力量。随着社会的不断发展进步，人民对美好生活的向往更加强烈，追求的方面也更加多元，不再只追求物质的丰盈，也注重精神和文化素质的提升。老百姓不仅要富"口袋"，更要富"脑袋"。对于乡村而言，在国家一系列惠民政策和利好条件下，百姓生活的获得感和幸福感不断得到满足，对文化的需求不断提升，期盼着能够在

个人修养、家庭美德、邻里和睦、社会团结等方面实现突破。通过增加基础设施、提升人才力量、加大资金投入等方式实现文化振兴,能够不断满足百姓的文化需求。

二 乡村文化振兴的建设方向

乡村振兴离不开文化振兴,加强乡村文化建设不仅是实施乡村振兴战略的一项关键任务,还是传承发展乡村农耕文明的重要抓手。新时代中国特色社会主义乡村文化振兴应从乡风、乡情、乡土、乡贤4个方面科学推进,精准施策,提升乡村文化事业和文化产业发展水平,加快乡村文化建设步伐,让乡村文化生生不息、永葆活力。

第一,打造乡村精神家园,塑造优良文明乡风。2018年中央一号文件指出:"乡村振兴,乡风文明是保障。必须坚持物质文明和精神文明一起抓,提升农民精神风貌,培育文明乡风、良好家风、淳朴民风,不断提高乡村社会的文明程度。"树立新时代乡风文明,要做到以下几点。一是要转变乡村人民群众陈旧落后的思想价值观念。帮助乡村群众合理利用互联网技术,借助手机、电脑和"两微一端"等平台加强与外界信息的联系、交流和学习。二是要将传承乡村文化与发扬中国特色社会主义核心价值观相结合。将传统儒家文化与现代文化通过多种途径和多种形式创新融合,帮助乡民树立良好的个人品德、社会公德、职业道德和家庭美德,在继承中华民族优良传统的基础上创新培育乡风文明的方式与载体。三是要建立健全乡规民约制度。立足乡村文化发展实际,不断调整、修改和完善符合乡民发展的规章制度,建立奖惩激励机制,激发广大乡民树立良好道德风尚的积极性、主动性和创造性。四是要建设乡村精神家园。结合乡村发展历史,开展乡民喜闻乐见的文化活动,创建和完善各类文化活动场所;五要推进乡村文化治理。大力开展乡村移风易俗活动,传承和弘扬乡村先进文化,净化乡村文化环境,改变村容村貌,建设新时代乡村美好精神家园,不断提高乡村社会文明程度,形成优良的淳朴民风、良好家风和文明乡风。

第二,培育和弘扬乡土文化,增进群众文化认同感。传统乡村作为社会的"稳定器"和凝聚乡风文明的精神桥梁,为国家经济社会的快速发展创造了丰富的文化资源条件,要以抓住乡情为纽带,推动新时代乡村文化建设。一是要创新传承和保护乡土文化的方式与载体。要重视中国传统文化在乡土文化整合中的重要作用,将乡村特有的文化活动与优秀传统文化和现代文化相结合,如将中国戏曲、绘画与现代化小品、相声、歌舞表演等新元素有效融合,再以乡村文化活动加以呈现。另外,还可以利用微视频和微电影制作乡土文化宣传片,加大乡土文化的宣传和推广力度,让外界听到乡土文化的声音。二是要合理挖掘乡村特色文化资源,增强乡土文化吸引力。立足乡村发展实际,有效挖掘乡村特色文化资源和传统道德资源、继承乡村优良习俗和少数民族传统节日,实现中华优秀传统文化的创新性发展和创造性转化,增强乡土文化的感染力和吸引力。三是要加强对村落古迹的保护与修缮力度。通过建立村落文物古迹保护制度、制定乡村文物古迹保护法、成立村落文物古迹保护中心、申请国家或世界物质与非物质文化遗产等方式,提高对传统古村落、古建筑、老作坊、家族宗祠、文物古迹、农业遗迹等的挖掘与保护。四是要充分尊重乡村群众的主体性。通过开设乡土文化讲习所、建立乡土文化活动广场、成立乡土文化历史研究中心等方式培育乡民的乡土文化情结,激发乡村主体的内生动力和创造活力,提高乡民的文化认同感和文化自信心。

第三,发展乡村文化事业,推动乡村文化产业发展。守住乡土就是守住乡村的根基,才能塑造乡村文化的尊严。一是要完善乡村公共文化基

础设施,提高公共文化服务水平。政府要加大对乡村文化建设的资金、技术等的投入力度,缩小城乡公共文化发展差距。具体的措施如:完善乡村图书室、文体活动中心、报刊亭、公共文化墙等公共文化基础设施;开展"文化进村"活动,定期向各村输送乡民喜爱的电影、话剧、戏曲和文化知识讲座等;成立乡村文化对口帮扶志愿者协会,选派志愿者到乡村开展"三支一扶"活动,向贫困落后乡村捐赠漫画、图书、书包等学习用具。二是要大力发展乡村文化教育,提高乡民科学文化素质。伟大的教育家陶行知曾说过,"教育能造文化"。教育具有传承文化的重要功能,因此,既要立足乡村发展实际,有效利用乡村公共文化教育资源,完善学校公共文化设施与教室教学设备、培养优良师资队伍;又要创新乡村教育教学内容和方式,利用多媒体、慕课、微电影、情景剧、"两微一端"网络在线等现代化教学方式,推动乡村文化教育同现代信息技术高度融合,营造良好的教育学习环境。三是要创新乡村文化产业形态,推动乡村文化经济协调发展。合理开发乡村各种宝贵的文化资源,将"互联网+文化"与乡村电商平台有效融合,建立乡村特色文化产业基地,大力发展乡村特色文化旅游业,树立乡村特色文化品牌,加强乡村一二三产业的融合发展,实现乡村生态、社会与经济效益的有机统一。

第四,培育乡村文化建设人才,建立乡村文化智库,汇聚新乡贤群体。人才振兴是乡村文化振兴的关键,不仅需要外来文化人才的"输血"功能,更需要积极发挥乡土文化人才的"造血"功能,才能为乡村文化的全面振兴开创新局面。一是要分类开发,培育新时代乡土文化人才。利用"互联网+远程教育"分别对乡村文化人才开展滚动式在线培训和分散式教育,加强对文化人才的信息化培训和网络化训练;建立"一对一"帮扶机制,聘请外来专家加强对民间表演艺术、文物古迹的保护与管理、传统手工艺、乡村文化知识等乡村文化传承人的指导和培训,充分挖掘本土人才的潜力和技能,发挥乡村老艺人的带动引领作用,激发本土人才内生性动力。二是要创造条件,吸引新乡贤回乡创业。发扬传统乡贤文化,实现"乡闲"向"乡贤"的合理转变,完善乡村人才保障机制建设,加大对新乡贤的福利保障力度,构建本土人才与外来人才的交流互助平台,推动两类人才的有效沟通联系,加强文化传承技能的相互学习和知识经验的相互交流,为新乡贤人才作用的发挥提供良好平台。三是要政策扶持,鼓励外来文化人才"下乡"。设立乡村文化帮扶专项资金,给予外来文化人才"下乡"资金补贴;提供良好的工作待遇和生活环境,保证外来文化人才在乡村留得放心、住得安心、干得舒心,为乡村文化建设提供智力、人力和物力支持,打造乡村文化智库,为乡村文化振兴培育一支精明能干的文化建设人才队伍。

振兴的终极目标和理想状态是促进文化的繁荣与发展。要实现这样的目标,必须把理想落实到行动上来,不断提升文化振兴主体的水平和素质。在乡村文化振兴中,除了基层组织和干部队伍之外,新乡贤群体的作用也不可小觑。因此,接下来我们来谈一谈怎么让这一群体更好地发挥"领头羊"和"排头雁"的作用,让新乡贤群体在乡村文化振兴中的正向作用不断彰显。

▶ 第二节　新乡贤引领乡村文化振兴

"才者,德之资也;德者,才之帅也。"新乡贤多是社会贤达,是一批有德或有才的人,他们本身就具备十分丰富的文化内涵,是乡村人才振兴和乡村文化振兴的重要主体。新乡贤群体的文化内涵和历史底蕴也赋予了他们作为振兴乡村文化"领头羊"的独特优势。新乡贤参与乡村文化振

兴为破解当前的人才难题提供了一条有效途径。

一 新乡贤引领乡村文化振兴的优势

首先,新乡贤自身蕴含着丰富的文化内涵,是连接乡村传统文化与当代社会主义核心价值观的纽带。社会主义核心价值观在个人层面的价值准则是爱国、敬业、诚信、友善,其内涵蕴藏着爱国爱乡、敬业奉献、崇德向善、明礼知耻、见贤思齐等道德力量,这些都是新乡贤自身所具备的价值观。因此,现代乡贤的那些优秀的价值观与社会主义核心价值观是协调的、统一的。在乡土社会里,人与人之间的关系是以地缘、亲缘关系为纽带连接的,而从熟人社会里走出去的乡贤仍然是乡村文化振兴的重要力量。新乡贤是乡村文化的继承者和传播者,他们中大多数从小生长在乡村,熟悉乡村生活,后来因为各种因素流向城市并在城市扎根。这样的经历可以使他们更好地将乡村文化和城市文化相融合,在继承和传播乡村文化的过程中既能发挥乡村文化的地域特色,又能结合时代特征使乡村文化与时俱进。

此外,新乡贤较高的威望和影响力,可以重塑乡村规范秩序和乡村文化价值观。新乡贤群体的构成中很大一部分是优秀干部、道德模范,又或是退休教师、医生,更有在外创业成功人士等。他们不仅受教育程度高、思维视野开阔,对乡村发展有见地,还具有较强的代表性和威望。所以,新乡贤群体较为高尚的道德品质和文化修养对当地村民产生了潜移默化的影响,起到了教化民众、敦风化俗的作用。因此,不管是从德行还是从能力方面,新乡贤在促进乡村和谐、重构乡村文化等方面都起着重要作用。作为城市文明和乡村文明的融合者,新乡贤可以重塑乡村规范秩序,涵养和引领乡村文化价值观。

其次,新乡贤文化是乡村文化振兴的驱动力。乡村振兴是经济、政治、社会、生态的振兴,更是新时代乡贤文化的振兴。在推进城乡融合发展的过程中,乡贤们以身作则,充分发挥了价值引领作用,并形成了独特的新乡贤文化。新乡贤文化是乡村文化之魂,其植根于中华优秀传统文化的土壤之中,又孕育在新时代的伟大实践中,烙有时代印记,具有明显的地域性、人本性、亲善性和时代性,是教化乡里、涵育乡风的重要精神力量。尤其是在全面建成小康社会后,乡村治理面临人才流失、主体弱化、对象多元等诸多难题时,新乡贤文化的"稳定剂"和"润滑剂"作用就显得越来越重要。如在福建省嵩口镇,以林露露为首的新乡贤群体带头创设了一条富有特色的具有"现代骨、传统魂、自然衣"的文化创意产业扶贫道路,不仅盘活了乡村文化产业之路,而且依靠新乡贤文化的魅力培育了一批文创手艺人,促进了乡村的发展。所以,新乡贤文化的精神力量对推动乡村文明和乡村发展有着积极的重要作用,同时也为乡村振兴注入了文化活力。

自党的十九大提出乡村振兴战略以来,许多新乡贤纷纷加入乡村振兴行列,使得乡村产业、人才、组织、文化、生态等方面的建设发展取得巨大成效。2015 年中央一号文件提出"创新乡贤文化,弘扬善行义举,以乡情乡愁为纽带吸引和凝聚各方人士支持家乡建设,传承乡村文明"。此后,新乡贤的培育和整合不断受到各级地方政府的高度重视,各类乡贤组织不断涌现,各类文化乡贤在乡村公共文化建设、传承中华优秀乡村文明、弘扬社会主义核心价值观等方面做出了巨大贡献。

第一,新乡贤们用道德育村,涵养了社会主义核心价值观。以德化人、道德育村是新乡贤参与乡村文化振兴的常见方式。社会主义核心价值观是国家长治久安、人民幸福安康的精神基础。新乡贤反哺桑梓,用其嘉言懿行来垂范乡里,让社会主义核心价值观在乡村扎根。他们借助宗祠、族谱、书院或者现代科技手段等载体来传播社会主义核心价值观。如

湖南省浏阳市深挖与整理宗祠家庙的家规、家训、族规等,并开展弘扬家风家训、送文化下乡等系列活动,将祠堂变成增长民智、提升村民素质、树立文明乡风和文艺培训的新课堂。这一举措不仅承继家风、家训等中华优秀传统文化,而且借助新乡贤传递了新时代的精神内涵。

第二,新乡贤们用多种形式"活"村,推动了乡村文化事业的发展。完善文化设施、举办丰富多彩的文化活动是乡村文化振兴的基础,也是提升民众素质的重要载体和形式。近年来,新乡贤参与乡村文化振兴不仅表现在参与建立文化馆、农家书屋、文化驿站等,也表现在结合地区特色举办一些文化活动。如福建省采取"政府主导,新乡贤参与"模式,推动公共文化设施和文化活动的开展。多样的文化活动形式进一步拉近了福建省城乡公共文化服务的距离,同时也满足了人民群众对美好文化生活的期待和向往。

第三,新乡贤们用文创项目扶村,助推了乡村文化产业的壮大。项目扶村是新乡贤参与乡村文化振兴的重要渠道。新乡贤不仅用嘉言懿行引导民众,而且还利用自身优势,结合地方特色文化资源,把项目"开回"乡村,带动村民创利增收。如"全国文明村"四川省蒲江县明月村,依托当地传统手工艺发展各类文创项目和艺术设施,引进各类新的文创项目,带动村民创业,吸引大量外来游客,曾经的市级贫困村一跃成为小康村。明月村在传承传统手工艺的过程中,促进了文化产业的萌芽和发展。

第四,新乡贤们用文化治村,营造了乡村的文明新风。文化治村是乡村文化振兴的最终目的。以文化人、以文铸魂是乡村振兴的必要途径。新乡贤以文化人主要体现在推进乡村移风易俗上,如由新乡贤所组成的红白理事会就发挥着重要作用。例如,湖南省岳阳县各村红白理事会制订村规民约,对违规操办婚事丧事、违规燃放烟花爆竹、违规请客等行为作出明确的惩罚措施。半年来,全县简办 700 多场婚丧事宜,节约开支逾

1 000 万元,减少污染物逾 400 吨。在红白理事会的监督和管理下,岳阳县不仅节约了大量人力、物力、财力,而且民众的陈规陋习也得到了改善,全县营造出一种除陋习、讲文明、树新风的氛围。

二 新乡贤引领乡村文化振兴的路径

新乡贤是参与乡村文化振兴的重要力量,其在涵养社会主义核心价值观、推动乡村文化事业和文化产业、树立文明新风等方面卓有成效。有学者提出新乡贤在农村公共文化服务体系建设中可以扮演政府和群众之间的联系者、乡村治理的监督者、道德教化的示范者、乡土文明的继承与发扬者等诸多角色。这些角色为乡村文化振兴注入了新血液,在乡村公共文化事业和文化产业等方面成绩显著。乡村文化振兴呼唤乡贤文化的回归,但在具体实践中,新乡贤参与乡村文化振兴工作面临诸多局限,如平台搭建不够、保障激励机制不健全、社会对新乡贤认知不足等。因此,应探寻针对新乡贤参与乡村文化振兴工作的局限性根源,寻求突破,选择路径,有效提升新乡贤在乡村文化振兴中的参与度,为乡村文化振兴的实现提供支撑力量。

乡村文化振兴是一个循序渐进的过程,不可能一蹴而就。新乡贤参与乡村文化振兴作为一项系统工程,既需要政府加大宣传力度,搭建沟通平台、完善相关政策,又需要新乡贤群体明确自我认识、强化身份认同、积极参与乡村文化建设,多方合力,这样才有利于解决其服务乡村文化振兴所面临的诸多问题。下面主要从政府和新乡贤两个角度,提出推动新乡贤参与乡村文化振兴的一些途径。

首先是政府层面。其一,培育新乡贤文化,加大乡土文化尤其是新乡贤文化的宣传力度,打造新乡贤助力乡村文化振兴的典范。

当代社会,乡贤已与乡土社会形成了弱关联的关系,若以情感依赖

和自身觉悟来构建新乡贤的乡土情怀、使命感、归属感和责任感是难以维持的，因此需要以弘扬乡贤文化的方式来强化他们对乡贤身份的认同，积极营造见贤思齐、崇德向善的社会氛围，才能真正发挥新乡贤的功能与作用。

营造崇德尚贤的文化氛围，让新乡贤的事迹垂范乡里，首先便是继承和发扬古乡贤文化。当地政府可以开展乡贤遗产保护、乡贤家规家训整理、乡贤文化研讨等各类活动，打造崇德尚贤的文化氛围。将新乡贤文化宣传融入乡村文化建设，可以通过对书院、古宅等乡村古迹进行修缮和保护来传承国学文化；可以通过修缮宗祠，融入新乡贤文化，使祠堂焕发新的生机与活力；还可以统筹建设乡贤馆、乡贤文化广场、乡贤街、乡贤榜，结合文化礼堂、家风家训墙，实现乡贤"道德育村"。再次，开展新乡贤文化宣传教育。例如组织新闻媒体深入挖掘先进典型，制作新乡贤专题片，通过新闻媒体全方位地展示新乡贤事迹，营造见贤思齐、争当新乡贤的良好氛围；再如开展"新乡贤家乡行""身边新乡贤进讲堂""新乡贤道德讲堂"等系列活动，传递新乡贤文化的道德力量和榜样力量。最后，充分发挥道德模范的榜样作用，广泛宣传道德模范的品质与正确价值观，以模范精神熏陶群众，营造文明风尚。

通过这些活动，可以让新乡贤文化涵育文明民风，用道德模范引领文明乡风。通过培育和挖掘本地乡贤人物及其事迹，用身边人、身边事感化村民，唤醒村民见贤思齐的内在动力。通过开展道德模范系列评选活动，充分发挥道德榜样的示范典型作用，用榜样的力量影响乡村的每个家庭，引领文明乡风、民风、社风。

其二，搭建平台，拓宽新乡贤参与乡村文化振兴的渠道。

平台的搭建是新乡贤参与乡村文化振兴的先决条件。在当今的互联网社会，当地政府更应该构建线上、线下立体平台。建立动态更新的乡贤人才信息数据库,通过开展"干部访乡贤"、线上评选"新乡贤"等活动,加强与外出人才的沟通联络;充分发挥新媒体作用,实行村委会成员或党员与"不在场"新乡贤一对一联系,通过建立微信群、QQ群等方式把这些精英汇聚起来为家乡建设建言献策。由党委组织牵头,可以根据具体情况,设立县、乡镇、村级乡贤理事会,聘请德行高尚的人士担任顾问或委员,并定期举行乡贤座谈会为乡村振兴出谋划策。除此之外,还可以筹建新乡贤基金会,新乡贤基金会是汇聚、分配新乡贤财力的重要平台,它的建立便于充分发挥其功效,服务乡村文化振兴。同时,配套建立专门针对新乡贤捐助资金管理的基金会,成立"新乡贤+党委+群众"的委员会进行监督。基金会的基金主要用于支持当地公益、创新创业等项目的发展,让基金来源、出处更透明,让新乡贤参与乡村建设更便利、更公开化。

新乡贤在乡村文化振兴中作用的发挥需要以专门的平台为载体,一方面确保新乡贤的作用发挥有集中监督和评价的途径,另一方面通过专门平台的整合,使得新乡贤的多维主体能够以凝聚、专业的状态投入乡村文化建设工作,推动乡村文化振兴。专门平台也是为村民提供参与活动的空间和提出建议的空间,通过专门平台,新乡贤群体能够精准地把握乡民的精神文明需要,有针对性地开展乡村精神文明建设活动,提高公共文化服务水平。当前,不少乡村已经建立起乡贤理事会等专门平台,并依托平台开展各类精神文明建设活动,这是应该积极学习的经验。同时,也要针对仍存在的问题及时调整平台建设的目标、作用、方式。另外,具体平台的建设应结合乡村自身特点,使乡村文化振兴在达到既定目标的同时,适应乡村发展,体现乡村特色。

其三,加强顶层设计,完善相关政策措施,保障新乡贤参与文化振兴。

受我国传统文化的熏陶,每个离乡游子都有着回报桑梓的愿望,如

何让这些美好愿望得以实现,需要政府的合理规划。应当制定好新乡贤参与乡村文化振兴的发展规划与政策措施;做好便利新乡贤参与的制度与程序设计;还可以立足特色文化资源优势,将新乡贤文化嵌入当地的乡村文化产业。在这些政策措施的制定中,要注意加强多边合作,构建长效机制。政府必须从公共文化产品的决策者、生产者和提供者三位一体的角色向政策制定者、资源供应者和生产安排者的角色转变,通过完善相关政策法规来激励更多社会组织、企业参与到公共文化服务建设中来,促进新乡贤与其他主体的合作伙伴关系,通过签订平等合作协议,明确各方责任。

此外,对于新乡贤群体,也应当加以适当的监督和管理。有效的监督和管理不仅是对新乡贤的督促,也是对乡村文化振兴的保障。加强对新乡贤的监督和管理,可以通过法定程序选举新乡贤参与乡村事务,明确规定新乡贤的义务和责任,完善新乡贤纠错改错机制。除此之外,一套完备的工作评价机制是新乡贤参与乡村文化振兴的动力。要充分肯定新乡贤为建设美丽家乡做出的贡献,对此,可以对新乡贤的工作进行一个群众满意度调查,对那些群众满意度高的新乡贤给予一定的荣誉鼓励等,让新乡贤有一定的参与感和成就感,从而更好地为基层服务。

当然,为了吸引、留住更多文化人才,应当健全如住房、医疗等方面的政策法规,适当赋权赋能,强化新乡贤参与乡村文化振兴保障激励机制。激励机制的建立是新乡贤参与乡村文化振兴的助推器,对此,可以通过授予荣誉、冠名、履职激励等机制,增强新乡贤参与乡村建设的身份认同感和荣誉感。以乡情为纽带,积极鼓励退休老干部、企业家、专家、学者、大学生、非遗传承人、文化志愿者等投身于乡村文化振兴工作。还可以通过相关政策,为新乡贤强化组织和资金保障,比如:适当赋权赋能,给予乡贤理事会一定独立性;设立新乡贤基金,从公共文化服务专项资金中拨款,满足公共文化服务过程中的硬件消耗支出。

以往我国公共文化服务供给始终存在政府一厢情愿的政绩导向问题,自上而下标准化、配套化的文化福利难以落地,使得公共文化服务成为游离于民众真实文化需求之外的文化摆设。新乡贤的参与有力地破解了这一难题,通过联络协调政府、社会、市场与村民使多元主体形成合力。

那么,新乡贤群体自身如何主动作用于乡村文化建设呢?准确界定和认同新乡贤的角色和功能是弘扬乡贤文化和发挥乡贤功能的前提。在第一章,我们提到过新乡贤群体可以划分为德贤、商贤、学贤、官贤、侨贤,这些起到不同作用的新乡贤们,可以利用自身的资源、兴趣和能力,主动参与到乡村文化振兴的实践当中。

对于那些道德模范、德高望重的老人、时代楷模、文化精英、非遗传承人,可以开展诸如口述历史、传记、地方志、文书等活动,承继民族基因、教化乡民,保护历史文化资源,弘扬优良家风、民风、社风。

对于企业家、致富能人、创业经营者,可以开展组织技能培训等活动,助推乡村文化产业发展。不同村落在历史传承、文化底蕴和自然资源等方面存在差异性,使它们在文化产业发展上能依赖的条件也是不同的。在发展具有鲜明地域特色的乡村文化产业道路上,新乡贤可以从乡村的实际出发,利用地方优势自然资源发展特色农业、休闲观光、文化创意等产业。

对于大学生、专家、学者、教授、科技工作者、文化志愿者、技术能手等"学贤",可以开展支教、技术指导、文艺演出、送文化下乡等活动,利用自己在文艺、科技、体育等各个方面的特长,为农村送服务、送文化、送教育。

对于那些退休老干部、大学生村干部、第一书记,可以发挥调解邻里纠纷、缓和社会矛盾的作用。这些新乡贤热衷邻里事务,可以成为调和邻

里矛盾、社会矛盾的"老娘舅",他们下贴民心、上连政府,成为基层矛盾的缓冲地带,可以有效地为社会"减压",从而成为乡亲们的"知心人"。

对于那些身在海外的华人、华侨,可以通过兴办学校、捐助建设公共文化基础设施等方式,为乡村文化建设添砖加瓦。

站在"两个一百年"的历史交汇点上,广阔农村大有可为,必须抓住机遇,直面挑战,谋篇布局,多措并举,让文化振兴的发展成果经得起历史和人民的检验。新乡贤是乡村社会深厚文化根基上产生的优秀文化资源,他们能够成为政府的有力补充,整合社会力量进行公共文化服务供给,在提升服务质量的同时,增强民众的参与度和获得感,以及对政府的信任度。

▶ 第三节 案例:戏曲盔帽传承人
与关中泥塑手艺人

一 产和宝——黄梅之乡赤子心,戏曲盔帽传四方

"梨园佳子弟,无石不成班。"位于安徽安庆市怀宁县的千年古镇石牌镇人文荟萃,戏韵流芳,戏曲文化浓厚,孕育了一代又一代戏曲大师,演绎了一部又一部经典著作。这里是徽剧、黄梅戏的发祥地,高朗亭、程长庚、杨月楼、严凤英等一大批戏曲表演艺术家均学艺并成名于此。戏曲的繁荣衍生了众多的文化新业态,民间艺人产和宝便扎根戏曲盔帽这一传统技艺领域,为中国戏曲文化的传承默默贡献着自己的力量。

"我的家乡是一个戏乡,是京剧和黄梅戏的发源之地,并由此派生出我所从事的这个行业——专门为梨园做戏装行头。"产和宝,艺名产云

秋,1945 年出生于安徽省怀宁县石牌镇,是"石牌戏曲盔帽制作工艺"传承人。他从 13 岁开始就爱上了戏曲盔帽制作这一行当,22 岁时成为石牌戏曲盔帽技艺的第五代传人。20 世纪 60 年代禁演古装戏,许多传统剧目不准登台演出,这让产和宝的"行头"也成了"封、资、修"。虽然因生计所迫而颠沛流离,但他从未丢下自己钟爱的盔帽制作手艺。他酷爱读书,坚持自学绘画、雕塑、书法、篆刻、园林设计、古建装饰等中华传统艺术和文化,坚信将来一定会对发挥自己的盔帽制作技艺有所裨益。

千禧之年,他终于回到了阔别 34 年的家乡——中国戏曲之乡石牌镇。但当时由于戏曲行业的低迷,石牌戏装盔帽业衰败,传统制作技艺也濒临断代。为了拯救这一传统技艺,产和宝自费在石牌镇老街开了一家"泰和祥戏剧盔帽社",继续延续戏曲盔帽的传统制作技艺。

制作盔帽既是技术活,又是耐心活,更是良心活。一顶帽子制作要 40 道工序,最简单的也要十几道工序。用料考究、程序复杂,刻纸、粘贴、加网子、压制成型、淋粉、上漆、贴箔、点翠等,每一道工艺都需要有丰富的经验和娴熟的技艺才能完成,一顶戏帽制作需要 10 天左右的时间。他制作的盔帽,款式多样,造型美观,堪称艺术佳品。2010 年秋,产和宝制作的戏装盔帽在铜陵市"安徽省第二届民俗文化节"中展出;2015 年秋,产和宝应邀参加"第七届文房四宝文化旅游节",他制作的凤冠获得银奖;2017 年 9 月和 2018 年 5 月,他的作品先后亮相于第十二届中国北京国际文化创意产业博览会和第十四届中国(深圳)国际文化产业博览交易会。

除了刻苦学习,他还不忘传承戏曲艺术、弘扬中华文化、培养出新一代接班人。2018 年春,产和宝开始广收门徒,怀宁县实验小学的 15 名学生有幸成为他的首批免费门生。他每周安排两个半天时间向学生讲授戏曲文化知识,传授盔帽制作技艺。他也经常参与教育局组织的"戏曲进校

园"等活动，走进地方中小学课堂，为学生们讲解关于盔帽的艺术文化和制作技艺。

在产和宝及行业其他人士的共同努力下，石牌镇的传统戏曲更好地走进了社区、农村、校园，石牌镇还被国家住房和城乡建设部批准建设为以戏曲为特色的特色小镇，传统戏曲文化和特色旅游发展呈现出欣欣向荣之势。提起未来，产和宝壮志不已、豪情满怀："生于斯时是我的福气，我遇上了我们中华民族伟大复兴的新时代，我作为一个戏装盔帽的传承人，在今后要多出精品、多出新产品，并且搞好传承工作，带好徒弟，使我们这个行当后继有人。我们石牌镇正在进行一项伟大的工程，那就是正在建设一个戏剧特色小镇。我要把我们的这个行当容纳于其中，那才能无愧于这个伟大的新时代，无愧于我所从事几十年的行当！"

在"情归故里 共建家乡——寻找2018爱故乡人物"征集评选活动中，产和宝获得了"2018爱故乡年度人物"的称号，组委会颁奖词如下：

人这一辈子只做一件事，就是一种幸福的人生。产和宝就是这样的人。仿佛他生来就担负着这样的使命：做好戏剧盔帽。在这个看似简单、实则繁杂的工作中，他找到了人生的乐趣，也找到了人生的价值。他的艺术成就，让一种濒临灭绝的手工艺再次焕发了青春活力！他的桑梓情怀，让博大精深的中国戏曲文化得以传承下来！

(二) 苗春生——痴迷泥塑30年，一把黄土捏"关中"

泥塑，俗称"泥人"，它是以黏土为主要原料，经过由里及表、从粗到细的捏塑加工所制成的民间艺术品。长安泥塑技艺是一种独特的民间工艺，传承了关中泥塑的基本技法，塑造了各种历史人物、戏剧人物、神话故事、虫鱼鸟兽等作品。这些作品不仅记录了关中民间的信仰和审美情趣，还表现了关中百姓朴实、憨厚、豪放、正直、节俭、满足的品质，具有一

定的文化艺术观赏价值。

一把竹刀几把泥,一件件惟妙惟肖的人物泥塑作品,一个个栩栩如生的人物形象,展现着关中农村生活的美好图景。陕西省工艺美术大师、陕西省非物质文化遗产传承人苗春生老师 50 余年不知疲倦,追求泥塑事业,黄泥巴里奠定了自己的艺术乾坤。

苗春生是西安市长安区郭杜街道周家庄北村人,他自幼喜爱泥塑和绘画。"小时候农村下雨,街道没有硬化到处都是泥巴,我和小伙伴们玩'赢泥'游戏,我乐此不疲地用泥巴做着各式各样的东西,也挖掘了我对泥塑的兴趣。"童年的经历在无形之中让他积累了丰富的经验,为他以后的泥塑创作奠定了基础。

总有一个个栩栩如生的精致形象,能够被镌刻于岁月,牵萦于心。1968 年,苗春生在西安东大街文物商店看到了形神毕肖的泥人张彩塑作品展览,为之震撼。苗春生说:"我当时觉得做到这个程度真的不容易,对我影响真的很大,让我下定决心把热爱的泥塑做成自己的事业。"

1974 年,苗春生被推荐去郭杜镇放电影,正是怀着这份对于泥塑的热爱之情,他在担任郭杜镇电影放映员的同时,利用业余时间师从原西安美院的民间泥塑老师刘学良学习泥塑。苗春生认真钻研泥塑技法,经过多年来的不断摸索与学习,技艺日臻成熟。凡是他生活中看到的有意思的场面,他都能轻松自如地捏制出来。苗春生说:"处处留心皆学问,人和人的长相都是不一样的。每次创作之前,我都会仔细观察生活,观察人物的面部表情,然后打腹稿构思一番,一旦着手创作,3 天左右就可以完成一件人物泥塑作品。"

苗春生经过 30 多年的不断摸索与学习,从原来塑造的古典人物、佛像、神仙到专注于表现关中农村的生活形象,这些作品再现了关中农村民风民俗情景,具有浓郁的乡土气息,尤其是那些宏大场面的泥塑作

品,将人们的记忆拉回20世纪的关中农村,被媒体誉为"生动的关中民俗教科书"。

苗春生的泥塑是原型原色,不做任何弥补装饰性美化,他的作品中无时无刻不在传达着这样一个信息,那就是和民间的习俗相容纳、和农村的生活相吻合。而这些题材的由来,实际上和他的农民情怀都是息息相关的,这就更加彰显出其手艺的精湛和作品的原生态风貌。

他创作的民俗系列作品《七十二行》,生动地再现了逐渐消失的民间手艺人的生存环境:麦客磨镰、屠夫杀猪、牙家议价、游医镶牙、背弓弹花、街头耍猴等情景。这76组作品,无疑将他的创作视野和泥塑水平推向了一个新的高度。

他的《关中记忆》群塑作品,用泥量逾500千克,塑造了逾1 030个无一雷同的农村人物,生动形象地再现了长安农村的民俗风情:有在院落、集市、社火场里,母鸡下蛋、猪拱食、老汉喝稀饭舔碗、结婚闹洞房、戏台上下、风味小吃等场面;有那社火芯子、高跷彩船、锣鼓秧歌、社旗仪仗等阵势;还有头顶手帕的老太婆、梳着大辫子的村姑、纳鞋底的少妇、抽旱烟的老汉……农村众生相,真是意蕴深厚。

苗春生说:"采土、构思、创作直至成型,它们凝聚了我的心血和汗水。一把泥巴看似很简单,但我可以用它捏出关中农村里父老乡亲们的故事。我要让我们的后代知道以前农村人的生产和生活是什么样的,我希望用泥塑的形式把这些民俗记录下来,包括那一代人的生活场景、生活习惯。"

一方水土养一方人,一方山水有一方风情。他的泥塑艺术经过多年的经验和阅历的总结,形成了自身独具特色的关中民俗风格。多年来,苗春生创作了以20世纪50年代至80年代初期农村民俗风俗、劳动生产场景为主要内容的5万多件关中风情泥塑,其中关中风情系列中的《看戏》

《麦收季节》《关中小吃》《关中民居》《麦客》《金秋时节》《请执事》《杀猪》《鸡屁股银行》《土块擦尻子》《土法打井》《抗旱》《推水车》《出殡》及水浒108 将等作品在小雁塔文博院展出。苗春生多次在由省市文化主管部门主办或承办的以宣传非物质文化遗产传承和保护为主题的大型文化活动中展示其作品,为长安泥塑传承、保护与发展做出突出贡献。2008 年,苗春生开始将此项传统技艺传授给徒弟胡振波;2014 年,他成立"苗春生关中风情泥塑创意工作室",专注于对传承人的培养和创作新作品。

"生活气息浓厚,接地气"是苗春生作品的共同特点。他凭着一份匠心,将自己在关中农村多年的生活记忆用泥巴捏成一个个微缩世界,他坚守着一份传承,用泥塑唤醒人们对关中民俗文化的记忆。

乡村振兴,生态宜居是关键。良好的生态环境是农村的最大优势和宝贵财富,是增进农民民生福祉的优先领域。2005年8月15日,习近平同志作为浙江省委书记考察湖州市安吉县时,首次提出了"绿水青山就是金山银山"的发展理念。之后,习近平同志在党的十九大报告中指出,必须树立和践行绿水青山就是金山银山的理念,为更好地实现中国特色社会主义乡村振兴打好基础。乡村生态建设是乡村振兴的重要内容。"十三五"以来,乡村生态建设加快推进,土地综合整治试点取得稳步进展,农村人居环境得到有效治理,农业绿色发展水平显著提高,地方因地制宜探索了不同的美丽乡村建设模式,"三农"水利事业取得重要成就。但是,当前,我国乡村生态文明建设和生态环境保护面临不少困难和挑战,仍然存在乡村公共服务较为落后、生态农业生产技术水平不高、农民的绿色发展理念和意识仍需加强、"三农"水利基础设施建设短板问题突出等问题。

在实施乡村振兴战略中,坚持和贯彻绿色发展理念、推动形成绿色发展方式和生活方式,需要重视发挥新乡贤作为乡村宜居生态维护者的重要角色。因此,新乡贤作为社会精英人士,长期受先进文化熏陶,具有较高的生态环境保护意识,新乡贤在推动乡村产业发展过程中会更加自觉践行绿色发展理念。长期以来,我国农村思想观念落后、环保意识淡薄,新乡贤作为社会贤达,能够较好地接受新发展理念,并通过自身实际行动引导农村树立绿色发展理念、提升生态文明素养。而且,新乡贤能够

协助基层干部将生态文明建设纳入村规民约,动员群众将绿色发展理念植入日常生产生活,引导村民自觉践行绿色、低碳、环保、健康的生活理念,把乡村建设成生态宜居、富裕繁荣、和谐发展的美丽家园,让乡亲们都能生活在蓝天白云、青山绿水的舒适环境中。

▶ 第一节　生态宜居:乡村振兴的基础前提

乡村振兴的质量和成色,要靠绿水青山打底色。良好的生态环境是乡村最大和最具潜力的发展优势,生态振兴是乡村振兴的重要支撑。走乡村绿色发展之路,就是要重视保护生态环境对于经济社会发展的重要作用,只有生态环境得到改善,生产力才能得到充足发展。"绿水青山就是金山银山",不能以牺牲环境为代价来发展经济,要在乡村振兴过程中加大环保力度,合理开发自然资源,只有这样才能在开发"金山银山"的同时保住"绿水青山",实现乡村经济发展与生态发展协调共进,让乡村的环境变得更加美丽。

一　乡村生态发展的现状

党的十九大提出实施乡村振兴战略,要按照产业兴旺、生态宜居、乡风文明、治理有效、生活富裕的总要求,加快推进农业农村现代化。2018年全国"两会"期间,习近平同志明确提出"产业振兴、人才振兴、文化振兴、生态振兴、组织振兴"五大目标,充分说明乡村振兴不仅仅是经济和社会意义上的振兴发展,同样也是生态意义上的振兴发展。其中,生态振兴是乡村振兴的重要基础和重要支撑。没有生态振兴,没有生态宜居的环境,乡村振兴就是一句空话。只有乡村生态环境优美,美丽乡村建设持

续推进,乡村才有无限的动能和潜力,为产业振兴、人才振兴、文化振兴和组织振兴提供坚实的基础和广阔的空间。

乡村生态振兴,就是以绿色发展引领乡村振兴,用绿色发展理念贯穿乡村"三生(生产、生活、生态)"空间,推动农业农村绿色发展,建设生态宜居美丽乡村,加强乡村生态保护和环境治理,从而形成有机联系、互相促进的绿色发展共同体,打造人与自然和谐共生发展新格局。在乡村振兴战略的推动下,乡村生态建设取得令人瞩目的成绩,农村绿色发展理念日益深入人心,农村人居环境整治行动积极开展,美丽乡村建设稳步推进,乡村生态保护扎实开展,大部分农村地区的生态环境得到有效改善,人民对于美好生活的需求得到一定满足。但是,在传统观念的影响下,过去农村地区长期的、传统的、粗放型的经济发展方式和乡村治理方式,在一定程度上造成了自然资源的浪费,对乡村自然生态、村庄居住环境造成了一定的破坏,留下了经济社会发展的生态"后遗症"。

农业绿色发展有效推进,乡村产业造成的环境污染仍然较为严重。党的十八大以来,我国高度重视农业绿色发展,加强顶层设计,创新体制机制,推进农业发展方式绿色转型。可以说,践行绿色发展理念是农业产业、乡村经济实现高质量发展的重要途径,更是提升乡村振兴工作实效的必然要求。面对新的社会治理问题和人民对美好生活的向往,在广大农村地区必须要转变发展理念,关注破解农业产业绿色发展的问题。2022年6月,农业农村部总农艺师、发展规划司司长曾衍德在"中国这十年"系列主题新闻发布会上,用"三个有效、一个加快"概括我国农业绿色发展取得的积极成效,即农业资源得到有效保护、农业面源污染得到有效遏制、农业生态系统得到有效修复和绿色低碳产业链条加快构建。他从以上4个方面系统阐释了近年来我国在推进农业绿色发展上取得的显著成效。但是在乡村振兴过程中出现的环境污染问题,特别是农业绿色发展不平衡不充分问题仍然突出,农业资源过度开发、种质资源保护利用不够、耕地地力下降、地下水严重超采等问题依然严峻。

农村人居环境持续改善,短板问题依然突出。党的十八大以来,以习近平同志为核心的党中央高度关注农村人居环境改善工作。改善农村人居环境,是实施乡村振兴工作的重点任务。2018年,《农村人居环境整治三年行动方案》开始实施,全国各地全面扎实推进农村人居环境整治,村庄环境基本实现干净、整洁、有序,农民群众的环境卫生观念发生可喜变化,生活质量普遍提高,为全面建成小康社会提供了有力支撑。国家农业农村部、发展和改革委员会在农村公共服务和基础设施建设方面不断加大投入力度,特别是实施农村"厕所革命"以来,乡村卫生厕所普及率大幅提高,在全力推进农村生活垃圾治理和污水治理上取得显著成效。但是,我国农村人居环境总体质量水平不高,还存在区域发展不平衡、基础生活设施不完善、管护机制不健全等问题,导致无法完全满足农业农村现代化要求和农村群众对美好生活的向往。农村建设投资长期不足,生活污水处理标准不够,往往未经处理或者只是经过简单沉淀就直接排到自然河流和池塘,缺乏必要的管理和检测,严重污染地表水和地下水;生活垃圾方面仍未达到分类处理、回收利用的要求;农村厕改政策推行落实不够,技术支撑不足,缺乏长效运行机制。总之,农村公共基础设施和公共服务还需完善,农村人居环境整治仍然需要加大力度。

农村生态环境有所好转,生态环境难题亟待破解。党的十八大以来,习近平生态文明思想深入人心,全社会树立和践行"绿水青山就是金山银山"理念,全面加强生态文明建设,推进乡村生态保护修复,全方位筑牢生态屏障,构建人与自然和谐共生新格局。统筹推进山水林田湖草一体化保护修复,生态环境持续改善,高质量开展国土绿化,森林面积和森林覆盖率大幅提高。随着生态系统保护力度的持续加大,乡村生态环境

稳步向好,生物多样性得到恢复发展,处处呈现出人与自然和谐共生的美景。同时,在保护生态的前提下,社会多渠道创造生态产品,将生态优势转化为经济优势,最大限度地实现生态美与百姓富的统一。然而,长期以来,农村生态文明建设不仅是我国生态文明建设的短板,也是我国农业现代化建设的短板。我国农村生态环境治理仍然存在底子薄、历史欠账多的问题,加之经济社会发展过程中新问题不断出现,还没有从根本上改变农村生态文明建设落后的状况,农村生态环境保护还面临一些难题亟待破解。乡村生产活动还比较粗放,以追求经济效益为重要目标;乡村生态环境保护意识淡薄,虽然明白"绿水青山就是金山银山"理念的科学性和必要性,但是在实践过程中,依然偏重追求"金山银山",生态环境保护措施不足,造成环境污染和生态破坏比较严重,给人们的后续生产生活造成严重危害。

二 乡村生态振兴的建设目标

生态振兴是推动乡村"五大振兴"的应有之义,是落实乡村"五位一体"战略布局、推进生态文明建设的重要内容。近年来,党和国家高度重视"三农"问题,党的十九大报告提出实施乡村振兴战略,力求实现乡村地区产业兴旺、乡村居民生活安逸,从而加快农村现代化建设发展进程。随着绿色发展理念日益深入人心,乡村生态建设取得了一定的成就,农村人居环境和乡村生态系统都得到了一定程度的改善。然而,目前乡村生态发展仍然存在环境保护不到位、公共基础设施薄弱、规划不科学等问题,无法全面适应乡村振兴战略的发展要求,制约着农村的高质量发展和农民生活水平的提高。

实施乡村振兴战略是党的十九大作出的国家重大战略部署,是新时期做好"三农"工作的总抓手,乡村生态建设是乡村振兴的重要内容。

2018 年,中共中央、国务院出台《乡村振兴战略规划(2018—2022 年)》,该规划的第六篇内容为"建设生态宜居的美丽乡村",规划从推进农业绿色发展、持续改善农村人居环境、加强乡村生态保护与修复 3 个方面重点阐述要牢固树立和践行"绿水青山就是金山银山"的理念,坚持尊重自然、顺应自然、保护自然,统筹山水林田湖草系统治理,加快转变生产生活方式,推动乡村生态振兴,建设生活环境整洁优美、生态系统稳定健康、人与自然和谐共生的生态宜居美丽乡村。

为贯彻落实党的十九大提出的"打赢精准脱贫攻坚战""实施乡村振兴战略"的重大决策,进一步发挥生态环境保护和生态振兴在脱贫攻坚和乡村振兴中的重要作用,2020 年 6 月,生态环境部办公厅、农业农村部办公厅和国务院扶贫办联合出台《关于以生态振兴巩固脱贫攻坚成果进一步推进乡村振兴的指导意见(2020—2022 年)》(以下简称《意见》),该《意见》明确提出乡村生态振兴工作目标,即到 2022 年,支撑生态振兴的生态环境保护制度和政策体系更加完善,为乡村振兴奠定坚实基础。农村人居环境明显改善,农业绿色发展扎实推进,农村地区绿色发展的主动性和自觉性进一步增强。乡村生态振兴要聚焦农村生态系统健康、农业资源高效利用、农业环境污染治理和农民居住环境改善等方面持续发力,着力解决农村生态环境突出问题,持续巩固提升乡村生态环境优势,有序推动乡村产业生态化和生态产业化;培育弘扬乡村生态文化,倡导绿色低碳生活;健全乡村生态环境监管体系,推进乡村环境治理能力现代化。

《意见》作为乡村生态振兴的指导性文件,为全面践行绿色发展理念、推动乡村生态振兴的健康有序发展指明了方向。生态和宜居不可拆分,乡村不应只有蓝天、白云和清新空气,还要有完善的基础设施、便利的人居条件。因此,改善农村人居环境,是以习近平同志为核心的党中央

从战略和全局高度作出的重大决策部署,是实施乡村振兴战略的重点任务,事关广大农民根本福祉,事关农民群众健康,事关美丽中国建设。2021年12月,中共中央办公厅、国务院办公厅专门印发《农村人居环境整治提升五年行动方案(2021—2025年)》,提出明确的行动目标,即到2025年,农村人居环境显著改善,生态宜居美丽乡村建设取得新进步。具体内容包括:农村卫生厕所普及率稳步提高,厕所粪污基本得到有效处理;农村生活污水治理率不断提升,乱倒乱排得到管控;农村生活垃圾无害化处理水平明显提升,有条件的村庄实现生活垃圾分类、源头减量;农村人居环境治理水平显著提升,长效管护机制基本建立。农村人居环境整治是乡村生态振兴践行绿色发展理念的"三生(生产、生活、生态)"空间之一,农村人居环境整治有利于扭转农村长期以来存在的脏乱差局面,转变农民群众环境卫生观念,提高村民生活质量和环境保护意识,推动农业农村绿色发展。

绿色,本就是乡村的主打色。习近平同志深刻指出,坚持绿色发展是发展观的一场深刻革命。2022年1月,《中共中央 国务院关于做好2022年全面推进乡村振兴重点工作的意见》中再一次提出从加强农业面源污染综合治理、深入推进农业投入品减量化、国家农业绿色发展先行区、实施生态保护修复重大工程、科学推进国土绿化、实施生物多样性保护重大工程等方面推进农业农村绿色发展。同时,从持续推进农村"厕所革命"、分区分类推进农村生活污水处理、加快推进农村黑臭水体治理、推进生活垃圾源头分类减量等方面推进"农村人居环境整治提升五年行动"。不论是筑牢生态屏障,还是补齐生态短板,抑或是转化生态优势,都要以理念先行、以实干为基、以制度优势为保障,共同致力于实现乡村生态振兴发展目标,致力于打造出安居乐业的美丽乡村。

在推进乡村振兴战略的进程中,解决生态环境治理问题至关重要,我们要牢固树立和践行"绿水青山就是金山银山"的理念,落实节约优先、保护优先、自然恢复为主的方针,统筹山水林田湖草系统治理,坚守生态保护红线,以绿色发展引领乡村振兴。要持续探索绿色发展理念在不同地区的落地模式,如安徽省作为全国首个林长制改革示范区,结合地方实际创新提出了将完善护绿、增绿、管绿、用绿和活绿"五绿"协同推进机制,并实施平安森林、健康森林、碳汇森林、金银森林、活力森林"五大森林"行动,初步实现林业治理体系和治理能力现代化,使林业生态系统质量和稳定性得到进一步提升,生态产品供给能力和林业碳汇能力也得到进一步增强。此外,还要主动加快推动城镇基础设施向农村延伸,进一步优化农村人居环境和完善农村公共基础设施,以保护自然、顺应自然、敬畏自然的生态文明理念影响村民。在保留乡土气息、保存乡村风貌、保护乡村生态系统、治理乡村环境污染的基础上,推动乡村自然优势、生态优势转化为经济优势、发展优势。推进乡村生态振兴,践行绿色发展理念,守住"农村最大优势和宝贵财富",为乡村振兴提供坚强的环境支撑与保障,努力实现百姓富、生态美的统一。

第二节　新乡贤推动乡村生态振兴

不断满足农村居民日益增长的优美生态环境需要,推动乡村生态宜居是乡村振兴的题中应有之义和必然要求。提升乡村生态振兴工作实效,要重视人才的关键作用,要在"挖掘发现"人才、"又引又育"人才上下大功夫,要注意更新人才选拔任用观念,制定更加积极的人才政策,为人才搭建良好的平台,以人才支撑乡村生态振兴顺利推进。新乡贤作为乡村社会或从乡村走出去的社会能人,能够较好地接受新发展理念,具有

自觉的生态环境保护意识,对于推动乡村生态振兴具有重要意义。

一 新乡贤推动乡村生态振兴的优势

坚持人与自然和谐共生,走乡村绿色发展之路是实现中国特色社会主义乡村振兴的路径之一。习近平同志曾指出,"要推动乡村生态振兴,坚持绿色发展,加强农村突出环境问题综合治理,扎实实施农村人居环境整治,推进农村'厕所革命',完善农村生活设施,打造农民安居乐业的美丽家园,让良好生态成为乡村振兴支撑点"。农村发展的最大优势在于其得天独厚的生态环境,但近年来乡村经济社会稳步发展的同时,生态问题日益突出。一味追求经济效益、缺乏环境保护意识、绿色发展理念,加上乡村基础设施落后,加剧了乡村生态环境的破坏。作为乡村振兴重要的人才力量,新乡贤具有先进的生态环境保护理念,他们不仅是乡村生态振兴人才缺口的重要补充,也在助推乡村生态文明建设方面发挥着独一无二的作用。

新乡贤拥有现代化生态理念,在探索乡村经济效益的同时,能够兼顾社会效益和生态效益,推动农业农村绿色发展。良好的生态环境是实现农业农村可持续发展不可或缺的优势和财富,是增加农民民生福祉的优先领域。新乡贤受城市文明熏陶,具有现代化理念、前瞻性视野,他们中的大多数人都接受过良好的高等教育,具有生态环境保护意识。相较于农民而言,他们对国家关于农业农村发展、乡村振兴、乡村生态文明建设等方面的大政方针能够学习理解得更加深刻、透彻,他们既能在生产生活中通过捐资的方式保护和修复生态环境,自觉减污减排,以实际行动践行绿色发展理念,又能将新的发展理念带到农村,主动宣传生态保护和绿色发展理念,监督维护乡村生态环境。新乡贤对乡村有着浓厚的情愫,他们十分了解和关注乡村社会生态发展的现状和问题,能够将生态保护和绿色发展理念融入日常的生产生活中,并运用自身知识、技术、资金、资源等在推进农业农村绿色发展、倡导节约农业资源、减量增效、绿色替代、种养循环、综合治理等方面发挥积极作用,进一步破解当前农业资源被过度开发、种质资源保护利用不够、耕地地力下降、农业投入品过量使用等生态发展难题,推动生态文明发展理念走实、走深。

新乡贤拥有深厚的乡土优势,了解村民需求,与村民沟通顺畅,能够身体力行地促进农村人居环境改善。改善农村人居环境,是乡村生态振兴的重要内容,长期以来,传统、粗放的农业生产模式使大部分农民群众一方面忙于繁杂的农业生产,无暇顾及生活环境质量,另一方面又缺乏必要的生态环境保护意识和环境卫生观念,加上农村公共服务和基础设施建设薄弱,农村人居环境整体质量不高。新乡贤作为具有先进发展理念的社会精英,他们有着丰富的社会阅历和广阔的现代视野,可以将城市先进的生活理念和丰富的资金资源带回乡村,身体力行地致力于乡村人居环境的改善。农村公共服务和基础设施建设薄弱,新乡贤可以通过捐资、捐物的方式缓解农村建设长期投入不足的困境。农村"厕所革命"实施以来,乡村卫生厕所普及率有所提高,但后期维护、污水处理等问题依然十分突出,而新乡贤可以利用自身所具有的知识、技术、资源优势有效缓解相关政策推行落实不够、技术支撑不足的困境,推动农村厕改长效运行。此外,新乡贤可以借助"接地气"的方式宣传引导乡村居民提升绿色发展意识和生态文明素养,帮助村民将乡村绿色可持续发展理念"入脑、入耳、入心",从而使他们自觉践行绿色低碳环保健康的生活理念,进一步改善农村人居环境,自发建设美丽村落,满足农村群众对美好生活的向往。

新乡贤丰富的资源优势有助于加强乡村生态保护与修复。乡村生态振兴,不仅要全面加强学习贯彻习近平生态文明思想,树立和践行"绿水

青山就是金山银山"的新发展理念,还要推进乡村生态保护修复,全方位筑牢生态屏障,进一步推进乡村生态环境治理。新乡贤具备先进的绿色可持续发展理念和自觉的生态保护意识,能够以自己的嘉言懿行引导、引领农村居民转变观念。除此之外,部分新乡贤具有资源、技术和经济优势,能带动资源返乡、技术返乡、智力返乡、资金返乡,在带领村民产业转化升级、发展绿色生态农业、推进生态环境整治方面起到促进作用,从而促进农业发展、增加农民收入与加强环境保护协调统一。另外,由于新乡贤威望高、号召力强,他们可以发挥自身在乡村的影响力和凝聚力,同时发挥其在基层政府与乡村民众之间上传下达的积极作用,对上反映村民生态文明建设的困境和需求,对下传达党和国家乡村生态振兴政策的要求,帮助基层干部最广泛地动员村民,并协助完善生态领域的村规民约,建立健全相关监督监管制度,将生态文明理念植入日常生产生活,约束引导村民自觉践行绿色环保的生产生活理念,加强乡村生态保护与修复。

随着乡村振兴战略的实施,乡村发展稳步前进,但是乡村在追求经济社会发展速度的同时,需要充分重视经济社会发展质量的提升,注重保护乡村生态环境,实现乡村绿色可持续发展。正所谓良好的生态环境不仅仅是造福一方的"金山",更是能够使得外出的乡村精英回流并且能够带动乡村发展的"银山"。新乡贤大多是来自乡土社会,他们是经过自身努力脱颖而出的典型乡村人才代表,是社会中各行各业的成功人士,具有发家致富奔小康的一技之长,同时他们还充分掌握了现代科学技术知识,更能正确认识和理解"绿水青山就是金山银山"的新发展理念,因而能率先身体力行地加入农村生态建设和环境保护行列。在推动乡村生态振兴的过程中,新乡贤通过浓厚的乡土情怀和对实现自我价值的期待,积极践行对绿色发展、生态宜居的守护,从而帮助建成"看得见山、望得见水、留得住乡愁记忆"的美丽乡村,让广大乡村居民拥有更多的获得

感、幸福感。

二 新乡贤推动乡村生态振兴的路径

正如前文所说,新乡贤是新时代心系乡土、满怀乡情的社会贤达和民间精英,他们有文化、有能力、有影响,与乡土有着血缘、姻亲、工作或居住关系,怀有天然的反哺乡土的情结。在城乡背离发展的历史进程中,乡村人口"空心化"问题日益凸显。乡村经济社会发展、乡村振兴战略的实施面临大量的人才缺口,新乡贤作为乡村一支重要的内生人才力量,为新时代农业农村现代化发展提供了无限动能。乡村生态振兴聚焦推动农业绿色发展、建设生态宜居美丽乡村、加强乡村生态保护与修复,从生产、生活、生态三大空间推进新时代乡村生态文明建设。这不仅需要大量的生态文明建设人才,更需要实施乡村生态振兴的人才具备先进的绿色发展理念、低碳环保意识和现代农业技术等。

首先,畅通新乡贤评选引入渠道,有助于弥补乡村生态振兴人才缺口。乡情、乡愁是新乡贤与乡村联系的重要纽带,是吸引新乡贤回归故里、反哺桑梓、助力乡村经济社会发展的内生动力。当前,乡村"空心化"、老龄化现象日趋显著,乡村青壮年人口不断流入城市,乡村经济社会建设人才缺口越来越大。推进乡村建设,需要加大力度、多渠道弥补人才缺口,解决乡村生态振兴技术人才不够、生态意识淡薄、管理经验缺乏等问题。畅通生态领域新乡贤的评选渠道,多平台宣传,以乡土为单位,通过自荐、推荐等方式同时发力,对现有和潜在的新乡贤资源调查摸底并登记在册,让更多生态领域能人进入新乡贤团队,为乡村生态振兴组建知识、技术、资金、资源支持储备库;畅通生态领域新乡贤的引入渠道,结合地方生态资源优势、生态发展现状、生态文明建设需求引入新乡贤,发挥他们在政策宣传、产业转型、绿色发展、生态保护、人居环境改善等方面

的积极作用。另外,地方还需要广泛挖掘和宣传地方乡贤文化,营造新乡贤返乡的文化氛围;加快乡村公共基础设施和公共服务建设,改善乡村生态环境,为新乡贤返乡助力乡村生态振兴,打造设施完备、生活便利、健康有序的乡村环境。

其次,加大对新乡贤返乡的政策扶持,进一步推进乡村农业绿色发展。乡村振兴是综合的振兴,不是只满足于经济产值的振兴,而是必须达到生态环保要求下的全面振兴。乡村生态文明建设,需要树立和践行"绿水青山就是金山银山"的新发展理念,首当其冲的就是推进乡村农业绿色发展。当前,我国仍然处于农业绿色发展的起步阶段,多数区域仍是以资源消耗来换取农业经济的发展。推进乡村农业绿色发展,是乡村生态文明建设的必然要求,而技能型、资源型新乡贤因其具备先进的现代生态理念、丰富的现代农业知识技术和广泛的资源优势,因而能为推进乡村农业绿色发展贡献巨大力量。因此,地方政府应完善乡村创新创业服务支持体系,鼓励外出农民工、高校毕业生、退伍军人等各类治理型、产业型人才返乡创新创业;通过制定相应的资金、技术、信息等方面的优惠政策,为新乡贤在推进农业绿色发展、节约农业资源、减量增效、减污减排、绿色替代、种养循环、综合治理等方面加大扶持力度。在新发展阶段,我们要充分发挥新乡贤的积极作用,实现乡村资源高效利用,持续巩固提升乡村生态环境优势,有序推动乡村产业生态化和生态产业化。

再次,搭建新乡贤沟通发展平台,助力乡村生态环境改善。地方政府应通过建立乡贤理事会、乡贤协会把新乡贤组织起来,鼓励他们在乡村生态文明建设方面建言献策,提供助力乡村生态环境改善的新思路、新方法、新渠道;同时,发动社会成员参与到生态领域新乡贤的建设中去,通过宣传生态领域新乡贤事迹和成就,提升村民生态环境保护意识、培育弘扬乡村生态文化,进一步倡导绿色低碳生活;充分利用网络新媒体平台,建立和完善生态领域新乡贤信息储备库,吸引退休党员干部、企业家、技术人员等各行精英加入乡村生态文明建设,引导他们在乡村生态文明建设中发挥积极作用;搭建新乡贤发展培育平台,鼓励新乡贤积极参与乡村本土职业技能人才培训。基层政府可将新乡贤纳入多种社会力量共同参与的培训体系,聘请他们给村民开展生态文明建设知识培训,分享生态文明建设成功经验,展示现代农业新技术、新成果和新方法。例如从发展生态农业来看,新乡贤帮助农民进行科学种植,合理使用化肥、农药等化学投入品,正确处理农业废弃物,从而有效降低了土壤和水体污染风险,最终实现用技术指导农民,用示范带动农民,用效益吸引农民,能够有效助力乡村生态文明建设,推动乡村生态振兴。

最后,通过加强对新乡贤的监管和激励,助推乡村生态保护与修复进程。新乡贤参与乡村振兴要坚持政府主导,要坚持以社会主义核心价值观为引领,坚持树立和践行乡村绿色发展理念,加强对新乡贤参与乡村生态振兴的引导和监督,建立健全新乡贤监管机制,明确新乡贤的责任和义务。为此,要健全乡村生态环境监管体系,引导新乡贤积极投资发展符合国家环保要求的现代工业、加工业和文化旅游产业,还要引导新乡贤协助基层干部将生态文明建设纳入村规民约,帮助村民树立生态文明意识,发挥村民参与生态文明建设的主动性、积极性和自觉性,鼓励农民全面参与乡村生态保护与修复工作。同时,要进一步完善新乡贤参与乡村生态振兴的激励保障机制。探索农村土地性质和土地流转制度,制定新乡贤权益保障办法,出台鼓励退休干部、优秀企业家、技术人员返乡的政策。建立由乡镇引导、村级主导的"新乡贤+村两委"乡村工作模式,通过乡贤理事会、乡贤协会充分发挥新乡贤在乡村生态文明建设方面的积极作用。注重解决新乡贤助力乡村生态振兴过程中的住房、医疗、养老等问题,给予在生态领域持续发力的社会贤达一定的精神奖励、物质奖

励和政策倾斜,为地方生态的保护与修复、为乡村生态振兴注入源源不断的人力、技术、资金等方面的新动能。

在实施乡村振兴战略过程中,构建良好的乡村生态体系是不可或缺的一环。党的十八大以来,我国生态环境发生了历史性、转折性、全局性变化。随着国家深入实施大气、水、土壤污染防治三大行动计划,将山水林田湖草沙实施一体化保护和系统治理,大力推动绿色发展方式,推进秸秆还田、河湖长制、林长制、农村"厕所革命"……农村生态环境得到明显改善。美丽乡村是我国生态文明与绿色发展最真实的写照,既是人民对美好生活的向往和追求,也是乡村振兴战略的重要组成部分。良好的生态环境是农村发展的最大优势和宝贵财富,更是实现产业兴旺、打造宜居环境的前提。现阶段,我们仍然要把打造农村良好生态环境作为工作发力点,坚持绿色发展理念不动摇,因地制宜,突破人才缺口,通过畅通新乡贤评选引入渠道、加大对新乡贤返乡的政策扶持、搭建新乡贤沟通交流平台、加强对新乡贤的监管激励等措施,充分发挥新乡贤在乡村生态振兴中的乡土优势、资源优势和理念优势,扎实推进农村生态保护工作,深入践行"绿水青山就是金山银山"的新发展理念,实现良好生态让农民群众早受益,为乡村振兴赋能助力。

▶ 第三节　案例:红树林"守护神"与绿色发展理念践行者

一 黄宏远——老百姓的"老黄牛"、红树林的"守护神"

黄宏远从 20 岁起就跟着老一辈人在红树林打鱼。1980 年,海口东寨港自然保护区建立后,为保护生态,政府禁止在红树林里捕鱼。于是,黄宏远紧跟党的政策,结束渔民生涯,在村委会从事宣传工作,积极保护红树林。自从2004年创建文明生态村以来,黄宏远积极带头参加文明生态村的宣传和建设工作。

红树林周围的虾、鱼、螃蟹很多,正所谓"靠山吃山,靠水吃水",住在海边的黄宏远,跟着父亲打鱼打了20年,这也是当地村民谋生的主要手段。大家打鱼的时候都会带一把刀,这是因为虽然红树林周围的虾、鱼、螃蟹很多,但不把红树林砍了,虾、鱼、螃蟹就不会出来。因此,渔民在打鱼过程中对红树林的破坏非常严重。自从东寨港自然保护区建立后,关于保护红树林的宣传也越来越多,之后,黄宏远就毅然加入到宣传红树林保护的队伍中去。由于在海边长大,再加上小时候家人的教导及丰富的生活成长经历,黄宏远深知红树林对于村庄的重要性。红树林长在海边,就像是一座长城、一条龙,盘踞着把村子保护起来,作为台风天的第一道屏障,为房屋挡浪、挡水。

黄宏远卖了渔船,走上了岸。但他一直留着自己亲手做的船桨,作为打鱼生涯的纪念。2013年,李克强总理来到东寨港自然保护区考察红树林的时候,黄宏远作为演丰镇政府的代表之一接待总理,他想了很久,决定把这支珍藏了几十年的船桨作为礼物送给李克强总理。当李克强总理询问黄宏远为什么要送给他一支桨时,黄宏远深情地说:"这个桨是我家祖传的,当年我和我的父辈一直靠在红树林打鱼为生。今天,我把桨送给您,是想表达一下红树林老人们的决心,我们不在红树林打鱼了,不抓螃蟹了,我们要好好保护红树林。"李克强总理深受感动,紧紧地握住老人家的手。

红树林是村子的"守护神",黄宏远立志做红树林的"守护神"。从黄宏远的家门口走出去就是红树林的生长地。每当红树林长势好的时候或

是开花的季节，黄宏远每天中午到下午五六点钟这个时间段总是要到红树林去转一转。为什么呢？因为那个时候周围养羊的人家出来放羊了，羊最爱吃红树林的叶子。黄宏远这个时间出来转转，就是要去看看有没有羊吃红树林、有没有人砍红树林、有没有人折红树林的花枝，如果有的话，他可以第一时间制止，并当面做一做保护红树林的宣传工作，杜绝类似事件再次发生。海南的春夏季节，台风频发，在台风天的时候，黄宏远老人也异常忙碌。虽然年事已高，但他知道台风过来的时候，停泊在海边的大船会被海浪打到岸边，压住红树林，如果不及时把大船拉走，大片的红树林会被压断，等太阳一出来，红树林就死了。因此，每当台风天的时候，黄宏远老人总是会和村委会成员一起叫上村里的年轻人，一起拉船、移船，用实际行动保护着村边的红树林。在黄宏远老人的积极宣传和影响带动下，保护红树林、爱护红树林已经成为村子里每个人意识中最自然也是最重要的事情。

如今，黄宏远老人的家乡已经成为远近闻名的生态文明村。村里的老老少少不仅延续了黄宏远老人保护红树林、爱护红树林的环保意识，更是在村子文化室周围、自己家小院儿的周围种上了各种花花草草。红树林越来越茂盛，村子周边的生态环境越来越好，村子路面硬化建设了，路灯也亮了，村民们喜气洋洋，晚上还可以唱唱歌、跳跳舞。

正如黄宏远老人所说，乡贤在乡村里要有带头作用，要贤达，带群众走向致富的道路，在工作上不怕苦、不怕累，一直为老百姓着想，心里永远装着老百姓，甘当老百姓的"老黄牛"。是的，黄宏远老人并非大富大贵之人，却几十年如一日，用自己的实际行动为乡村的发展和建设做出巨大贡献，他把自己的命运和家乡、下一代的发展紧密联系起来，几十年来不计报酬、默默奉献。不仅如此，他还希望通过自己的努力，让家乡变得更好，吸引更多的年轻人回到家乡，让村里有更多的乡贤，为

村民办实事，为老百姓做好义务工，让老百姓过上幸福的生活，一起为乡村建设出力。

（二）鲍新民——"绿水青山就是金山银山"理念的践行者

余村，因境内天目山余脉蜿蜒而得名，这里三面环山，一条小溪从中穿过，是一个典型的山村。2005年以前，余村靠山吃山，成为安吉县响当当的首富村，然而"石头经济"模式却带来了"灰色"后果，面对这一现状，时任余村党支部书记的鲍新民带领村民毅然关停给全村人带来财富的矿山和水泥厂，坚持不懈地对矿山复垦复绿，大力发展第三产业，促进农民致富。在他的带领下，余村积极探索保护生态资源、促进绿色发展的村庄发展新模式，通过强化村庄规划、加快土地流转、发展农家休闲旅游，坚定不移走绿色兴村、绿色致富的经济转型之路，余村不仅走出了一条从"卖石头"到"卖风景"的发展新路，还因此获得了巨大的社会经济效益。

作为湖州市安吉县的优秀新乡贤代表，在余村任职期间，鲍新民积极践行"绿水青山就是金山银山"的发展理念，从村支书岗位退休10余年来，鲍新民始终坚持"退休不退热"，于2020年6月成立鲍新民工作室，下设"两团、两会、两队"6个团队，其中就包括乡贤参事会，充分凝聚广大乡贤力量，收集村情民意，助力矛盾纠纷化解，组织乡贤参与"余村故事宣讲团"，为家乡发展贡献力量和智慧。他还自愿担任起"两山"理念义务宣讲员，面对每日源源不断来余村考察学习的团队和游客，他只要一有空便会到现场为大家讲述"两山"理念、余村经验，也经常赴各大高校、党校宣讲"两山"故事。

为了营造更好的宣讲氛围，2021年3月30日，"新民讲堂"正式揭牌开讲，接待数批考察团来访。作为"两山"理念的亲历者、见证者，作为余

村乡贤,鲍新民牢记嘱托,坚持做"两山"理念的践行者、先行示范者,更坚定要做这一理念的积极传播者、宣讲者,让更多人了解余村的过去和现在,让"两山"理念在更多的地方落地扎根、开花结果。同时,鲍新民将讲堂搬到农家院子、村社广场、田间地头,向村民及游客宣讲百年党史,使党的历史深入人心。

鲍新民时刻关注乡村发展,积极参与"两山"示范区建设和工业区征地拆迁,远赴河南洛阳完成钉子户的征迁签约,协助余村开放庭院建设等。

2021年,余村成为安吉县在共同富裕现代化基本单元领域的先行试点。面对这一机遇和挑战,鲍新民也希望为家乡发展贡献自己的力量,他积极号召乡贤参事会成员深入村民、游客中进行需求调研,结合生活实际,收集意见和建议。其中,改善道路交通、智慧充电系统等意见被采纳并纳入规划方案。牵挂着"两山"游客集散中心、余村未来社区、田园综合体等项目的鲍新民定期召开乡贤议事会,号召乡贤们共同为村庄建设出谋划策、收集意见,鼓励大家充分利用身边资源,招商引资,帮扶项目。同时,鲍新民还心系群众,积极化解邻里矛盾,为村民提供权益保障、法律咨询、法律援助等服务,自鲍新民工作室成立以来,成功调解多起矛盾纠纷,实现"小事不出队,大事不出村",助力社会基层治理。

如今的余村,村强、民富、景美、人和,成为践行"绿水青山就是金山银山"理念的生动典型,先后荣获"全国美丽宜居示范村""全国生态文化村"等称号。而这一巨变的背后,离不开老书记鲍新民的锐意改革和辛勤操劳。

第七章　新乡贤与乡村组织振兴

组织振兴既是乡村振兴的目标之一,也是产业振兴、人才振兴、文化振兴、生态振兴的政治保障。党的十九大在部署实施乡村振兴战略时,按照"建立健全党委领导、政府负责、社会协同、公众参与、法治保障的现代乡村社会治理体制"的要求,不断加大工作力度,落实工作责任。习近平同志强调,要"打造千千万万个坚强的农村基层党组织,培养千千万万名优秀的农村基层党组织书记"。农村基层党组织是实施乡村振兴战略的"主心骨",是社会基层组织中的战斗堡垒。农村基层党组织强不强,农村基层党组织书记行不行,直接关系到乡村振兴战略实施得好不好。乡村振兴战略作为新时代推动国家发展的重要举措,只有在基层党组织的领导下才能够得到落实。随着乡村振兴战略的不断推进,党对农村工作的领导不断加强,党管农村工作的领导体制机制逐步健全,乡村振兴法律法规体系全面建立,农村基层组织进一步完善,为乡村振兴提供了坚实有力的政治保障和组织保障。但是,当前乡村组织振兴依然面临村级党组织政治领导力不足、基层组织干部队伍能力素养不强、农村集体经济发展相对薄弱、基层社会组织作用发挥不够等发展问题和困境。

推进乡村振兴,必须加强农村组织建设,完善农村地区的组织结构,用组织振兴推动农村发展,为乡村振兴战略的落实提供良好的基础。组织振兴是实现农村发展的关键环节,需要鼓励乡村多元主体积极参与进来,为农村地区的共同发展贡献力量。在乡村振兴过程中,新乡贤作为从各行各业涌现出的拥有声望、地位、知识、技术、资金等资源的社会贤达,

他们往往带有浓厚的乡土情结,有极强的意愿为乡村振兴和农业农村发展做贡献。新乡贤参与乡村振兴有助于发挥基层组织的凝聚力和号召力,鼓舞新鲜血液加入乡村基层组织队伍,助力村"两委"提升基层组织治理能力,稳固乡村振兴基层组织保障,增强村民共同建设生态宜居美丽乡村的信心。

▶ 第一节 组织振兴:乡村振兴的保障

办好农村的事情,关键在党,关键在党组织的引领带动。习近平总书记强调,"实施乡村振兴战略,各级党委和党组织必须加强领导,汇聚起全党上下、社会各方的强大力量。"实现新时代乡村振兴,必须增强各级党组织的政治领导力,着力发挥党集中力量办大事的政治优势,把党的全面领导落实到乡村振兴战略实施过程中,把党的主张变为各级党组织和干部群众的实际行动。组织振兴不仅仅是农村基层党组织的振兴,更应该是以基层党组织作用发挥为核心,以党组织带动乡村各经济组织、社会组织推动乡村振兴和中国特色社会主义事业的乡村组织力的提升。

一 乡村组织结构的现状

组织振兴是乡村振兴的基本目标和根本保障,也是实现党对农村工作的领导、巩固党的农村基层阵地的基本要求。以组织振兴推动乡村振兴必须强化党的领导,以基层党组织作用发挥为核心,以党组织带动乡村各自治组织、经济组织和社会组织推动乡村组织力的提升,激发乡村振兴的内生动力。基层党组织是社会基层组织中的战斗堡垒,是工作方针政策执行、展现战斗力的基础,基层组织的建设发展直接影响党的凝聚力和影响力。而组织振兴作为实现农村发展的关键环节,需要村集体的各类组织积极参与进来,为农村地区的共同发展贡献力量。

当前,乡村组织主要有村党支部、村民委员会、农民专业合作社,以及集体经济组织、农产品行业协会、乡贤参事会、乡贤协会等村民自发组建的团体。这些组织根据性质基本分为四大类:党的基层组织、村民自治组织、村民经济组织、村民社会组织,这四类组织形成了乡村社会基本的组织网络,在乡村社会的日常运转中发挥着重要的作用。村党支部是党的基层组织,对村庄公共事务进行政治、思想和组织领导,是村庄事务的核心领导力量;村民委员会是村民自治组织,组织村民进行村庄公共事务的自我管理、自我服务;村民经济组织主要有集体经济组织和农民专业合作社等经济组织,是对乡村集体经济进行经营管理或自发组织的互助性的市场营销经济组织;妇联、团委、红白理事会、乡贤参事会等是村民社会组织,主要是农村社区中为实现一定社会职能、完成特定社会目标、按照一定形式而建立的共同活动的群体组织。根据《中国共产党农村基层组织工作条例》第十条规定,村党组织领导村民委员会及村务监督委员会、村集体经济组织、群团组织和其他经济组织、社会组织。

乡村振兴战略作为新时代推动国家发展的重要举措,只有在基层党组织的领导下才能够得到切实落实。近年来,随着国家在农业农村发展方面大政方针的调整、城镇化进程的推进,在实施乡村振兴战略发展落实的过程中,党对乡村基层组织的领导不断加强,农村基层组织也得到不断地发展和完善,但基层组织依然存在村级党组织政治领导力不足、村民自治组织职能发挥欠缺、农村集体经济发展相对薄弱、基层社会组织作用发挥不够等发展问题和困境。

首先,我国广大农村地区存在村级党组织政治领导力不足的问题。很多村级党组织缺乏凝聚力和战斗力,支部书记和班子成员在村里威望

不高,党组织发挥不出领导核心作用。不少村级党组织对党员的教育、管理不到位,一些村级党组织对外出流动党员呈"脱管"状态。少数村部服务意识不强,与群众联系不密切,不善于组织党员和群众应对考验和开展工作。基层党组织引领农村经济发展的能力不够强,对国家关于农村改革的政策理解不透、把握不准,对市场规律认识不到位,对农民的指导力不足,同时,基层党组织的领导力和影响力有被近年来出现的生产大户、农业协会、农民专业合作社、股份合作制企业等各种新经济组织挤压的危险。近年来,农村青壮年劳动力大多选择外出工作以获得更多的发展机会,留守人口中的可用人才减少,基层党组织出现"后继无人"的问题。由于村党组织要花费大量的精力完成上级党委安排的工作任务,工作负担过重和过低的待遇导致其工作积极性不高;而且部分乡村党员干部老龄化严重,知识更新慢,对市场和经济发展的规律认识不足,缺少服务意识和创新思维,不适应当前乡村治理工作的要求,找不到基层治理的抓手,在指导乡村振兴工作时缺乏思路和具体对策。

其次,村民自治组织职能发挥欠缺的问题依然普遍存在。乡村大多数基层自治组织往往更多的是承担上级党委政府安排的行政事务,自我管理、自我服务、自我教育等职能没能够发挥出来,社会动员能力不足。部分村委会工作人员也面临本领恐慌、学历制约等问题,法治意识、服务意识和治理理念亟待提高,在一定程度上影响自治组织职能的发挥。有些村委会成员在当选后把当初参选时对村民的承诺抛之脑后,不愿意、不重视建立村民参与村务管理的渠道,没有真正做到保证上级政令畅通、行使权力公平正义,而村民在投票选举之后也无意事无巨细参与村庄事务的管理,更多的精力是关注自己小家庭的生产生活利益,甚至有些村子的村委会主任和村支部书记之间矛盾重重,意见相悖,不仅不能促进村庄的有效治理,反而成为村庄问题的根源。

再次，农村集体经济组织力量薄弱是乡村社会发展的又一现实困境。要想实现乡村振兴，必须依赖集体经济的发展，集体经济是保障农村发展、实现乡村振兴的核心支柱。然而，由于一些地区经济发展状况和资源保有量的限制，乡村集体经济经营性资产少，集体经济薄弱，集体经济组织引领经济发展能力较弱。而且集体增收来源结构单一、增幅不高，村集体经济后续增长底气不足，在一定程度上影响村级组织建设，制约着农村各项事业的发展。党支部引领村集体经济发展作用发挥不突出，真正探索新路子、用好新途径的少，发展思路和方式单一，亟须转型。加之集体经济组织不健全，对优秀人才的吸引力不足，人才的缺乏也在一定程度上影响农村集体经济组织的健康有序运行。农民专业合作社运营方式普遍落后，盈利能力较低。无论是村办合作社还是村民自主经营的合作社，绝大部分处于低端发展营销阶段，缺乏专业指导和发展规划，产品级别低，多为初级农产品，很多合作社产出的农产品并没有形成具有较高辨识度的品牌，价格和销量在市场竞争中缺乏优势。

最后，乡村社会组织的积极作用没有得到充分发挥。在农村地区，传统的妇联、团委等群团组织依然带有浓厚的行政色彩，在一定程度上无法做到充分服务乡村和满足村民实际需求，因此在开展活动或推动相关工作时，乡村社会组织和村民参与意愿都不强，导致传统的群团组织处于失语状态，社会组织建立的初衷收效甚微。同时，村民自发形成的自助型团体尚处于初始阶段，比如红白理事会等，这类组织的成员平时忙于生计，人员构成复杂，管理松散，村民投入的精力也十分有限，再加上这些社会组织没有经费支持，政府所能给予的补助也非常有限，所以普遍发展缓慢且专业度不够。近年来，随着乡村振兴战略的实施，在经济社会发展相对较快的地区，诸如乡贤参事会、乡贤协会等新型社会组织开始涌现，他们由与地方有着密切血缘、亲缘、地缘等关系的退休干部、文化

名人、企业家等社会贤达组成，通过捐资助学、投资助农、参政议事等方式，积极推动乡村有效治理、乡村组织振兴。然而新型社会组织缺乏普遍性，还需要党和政府积极引导、有效规范，推进其在乡村振兴中发挥积极作用。

组织振兴旨在为乡村振兴提供组织保障。农村基层组织的力量强弱决定着乡村发展潜力的大小，其中村党支部、村民委员会是农村基层组织的核心力量。乡村组织振兴需要农村基层党组织自立自强，更需要各级党组织的政治领导和政策支持。农村基层党组织是实施乡村振兴战略的"主心骨"，农村其他各类组织是乡村振兴的重要助力，只有农村党组织建设有力，才能引领其他组织最大发挥作用，形成乡村振兴的强大合力，实现乡村全面振兴。

二、乡村组织振兴的发展方向

组织振兴是乡村振兴的政治保障。办好农村的事，关键在党。无论是改革开放后的家庭联产承包责任制，还是十八大以来的人类减贫事业、十九大提出的乡村振兴战略，从脱贫攻坚到乡村振兴的历史性战略转移，农业、农村、农民问题始终是党中央关注的重大问题。而实践也反复证明，"三农"工作离不开党的领导，只有党来把方向、定政策，才能保证农业农村改革发展沿着正确的方向前进。党的十九大从两个方面对基层组织建设提出明确要求：一是基层组织建设，要求加强农村基层基础工作，健全自治、法治、德治相结合的乡村治理体系；二是干部队伍建设，要求培养造就一支懂农业、爱农村、爱农民的"三农"工作队伍。近年来，党中央国务院发布一系列重要文件从不同角度为乡村组织振兴的建设提供政策依据和制度保障。

2018年中央一号文件《中共中央 国务院关于实施乡村振兴战略的

意见》明确了"坚持党管农村工作"的基本原则,要求毫不动摇地坚持和加强党对农村工作的领导,健全党管农村工作领导体制机制和党内法规,确保党在农村工作中始终总揽全局、协调各方,为乡村振兴提供强有力的政治保障。这个文件对乡村组织振兴的基本制度作出规定,搭建了乡村组织振兴的基本框架。

2019 年 1 月,中共中央印发新修订的《中国共产党农村基层组织工作条例》,要求以习近平新时代中国特色社会主义思想为指导,贯彻党章和新时代党的建设总要求、新时代党的组织路线,坚持问题导向,总结成功经验,对党的农村基层组织工作作出全面规范,明确党在农村的基层组织,包括乡镇党的委员会和村党组织,对指导思想、组织设置、职责任务、领导班子和干部队伍建设作出具体规定,为新时代党的农村基层组织建设提供了重要制度保证。

2019 年 8 月,党中央颁布实施《中国共产党农村工作条例》,条例在组织领导、主要任务、队伍建设、保障措施、考核监督等方面作出规定,要求提高新时代党全面领导农村工作的能力和水平,它成为中国共产党党内法规体系的重要组成部分。

2021 年中央一号文件《中共中央 国务院关于全面推进乡村振兴加快农业农村现代化发展的意见》,根据党的"三农"工作重心历史性转移的新形势,进一步提出加强党对"三农"工作全面领导的要求:一是强化五级书记抓乡村振兴的工作机制;二是加强党委农村工作领导小组和工作机构建设;三是加强党的农村基层组织建设和乡村治理;四是加强新时代农村精神文明建设;五是健全乡村振兴考核落实机制。

2022 年中央 一号文件《中共中央 国务院关于做好 2022 年全面推进乡村振兴重点工作的意见》,提出稳住农业基本盘、守好"三农"基础,接续全面推进乡村振兴,必须坚持和加强党对"三农"工作的全面领导,

充分发挥农村基层党组织领导作用。基层党建是构筑乡村振兴强大动力系统的关键,毫不动摇地坚持和加强党对农村工作的领导,健全党管农村工作方面的领导体制机制和党内法规,确保党在农村工作中始终总揽全局、协调各方,为乡村振兴提供坚强有力的政治保障。

坚持党建引领,以乡村组织振兴推动乡村全面振兴,还要充分发挥村党组织在领导村民委员会、村民自治组织、村民经济组织、村民社会组织等其他基层组织方面的领导力。基层党组织是农村基层组织的核心力量,是实施乡村振兴战略的主导力量,而农村其他各类组织则是乡村全面振兴的重要助力。《乡村振兴战略规划(2018—2022年)》等相关文件指出,要深入推进农村集体产权制度改革,完善农民对集体资产股份的占有、收益、有偿退出及抵押、担保、继承等权能和管理办法研究制定农村集体经济组织法,充实农村集体产权权能,发展新型农村集体经济。坚持市场化方向,优化农村创新创业环境,放开搞活农村经济,合理引导工商资本下乡,推动乡村大众创业、万众创新,培育新动能,进一步激发农村创新创业活力。

无论是激发农村经济活力,推动农村集体经济发展,壮大农村集体经济组织,还是团结动员乡村群众,激活乡村振兴内生动力,优化乡村自治组织和社会组织参与乡村振兴的能力和水平,都必须在农村基层党组织的全面领导和监督之下,进一步夯实乡村全面振兴的基层基础,建立健全党委领导、政府负责、社会协同、公众参与、法治保障的现代乡村社会治理体制,推动乡村组织振兴,形成乡村振兴的强大合力,打造充满活力、和谐有序的善治乡村。

▶ 第二节　新乡贤激发乡村组织振兴

　　组织振兴旨在为乡村振兴提供组织保障。加强党的基层组织建设，筑牢党执政的乡村基础，以村党组织团结带领其他乡村组织，凝聚力量共同助力乡村全面振兴。组织振兴作为乡村振兴的一项重要内容，既包括农村基层党组织的振兴，又涵盖农村经济组织、村民自治组织等各类组织的全面振兴。新乡贤作为乡村振兴战略实施过程中涌现出的有着浓厚乡土情怀和反哺桑梓初心的社会贤达，不仅能够有效补充乡村组织振兴中的人才短缺问题，还可以通过自身的资源、技术、知识、声望等优势，激发乡村社会内生动力，推动乡村社会组织的健康有序发展，进而助力乡村振兴全面推进。

一　新乡贤激发乡村组织振兴的优势

　　组织振兴是乡村全面振兴的政治基础和组织保障，然而在乡村"空心化"和精英严重流失的情况下，乡村振兴面临严峻的人才缺口。农村青壮年劳动力、高素质人才的单向外流，不可避免地造成农村基层组织后发力不足，入不抵出。农村现有人口趋于老龄化，且文化素质偏低，不仅不利于基层党组织发展新生力量，也使农村经济社会发展缺乏活力和魄力。正是因为知识视野的局限，他们在对新生事物、新的思想理念和政策制度的理解和执行上也存在滞后性，这些都在一定程度上制约着乡村基层党组织、村民自治组织、农村集体经济和基层社会组织的发展进步，进而制约着乡村振兴战略的实施。

　　作为生产要素，人才是实现农业农村现代化的关键。人才缺失已成

为制约乡村产业振兴、人才振兴、文化振兴、生态振兴和组织振兴的瓶颈。十九大报告指出,"大力实施乡村振兴战略,必须培养一支懂农业、爱农村、爱农民的'三农'工作队伍"。新乡贤不仅有着浓厚的乡土情结和反哺桑梓的天然基因,而且他们大多事业有成,或有资本,或善管理,或懂市场,或有一技之能,或有丰富的知识,加上口碑好、威望高、知名度高,往往在乡村能够受到民众的认可、信服和敬重,同时得到地方政府的认可和支持。作为新时代的一种关系型社会资本,新乡贤是现代乡村社会资本的"人化"凝聚,是破解农村人才紧缺困境的重要力量,也是汇集乡村振兴强大合力的重要媒介。

新乡贤为乡村组织振兴提供人才支撑。社会学家费孝通在《乡土中国》中指出:"在乡土社会中成长起来的现代人,虽奔走于繁华都市的边缘,内心深处却始终隐藏着遥远的乡土情结。"割舍不断的乡情,成为越来越多远离故土的都市人反哺乡村的天然缘由,而通过一定的渠道以新乡贤的身份回归乡村、回报乡村,不仅给了他们一个纾解乡土情结的合理出口,也给了乡村社会一个吸引人才资源、重构社会秩序的良机。随着新乡贤的回归,他们自身的年龄、知识、资金、技术、资源等优势,无论是对农村基层党组织的建设发展,还是地域村民自治组织、农村集体经济组织、村民社会组织等其他基层组织,都会带来新的活力和发展契机。

新乡贤回归有利于提升乡村基层组织能力。现阶段,农村青壮年人口和其中重要人才的大量外流,导致乡村社会基层组织缺乏后继支撑。农村基层党员结构亟待优化,如人员老龄化严重且文化水平普遍不高,村干部后继无人,村"两委"的换届选举有时候会出现"矮子里面选将军"的情况,选出的结果可能存在年龄偏大、素质不高、能力不强的情况。而新乡贤的回归,其在知识结构、能力素养、资源资金等方面拥有绝对的优势,鼓励符合条件的新乡贤进入村"两委"班子,既有利于创新现代乡村干部管理和选拔模式,优化村"两委"人员构成,提升农村基层党组织和村委会在基层治理方面的能力和水平,又能充分发挥新乡贤的自身优势,提升乡村基层组织的治理能力,在参与乡村事务管理的基础上,对村"两委"干部的工作产生积极影响。而返乡创业的新乡贤,更是能够为农村集体经济发展带来新的契机,以自身的各种资源优势带动乡村经济社会发展,提高村民收入,优化乡村经济组织和社会组织,进一步推动乡村组织振兴。

新乡贤有助于提升农村基层组织多元合作协同治理能力。农村要发展,关键靠支部。基层党组织是农村基层组织的核心力量,要将基层党组织打造成推动乡村振兴的坚强战斗堡垒,要以党建聚合力量、整合资源,把党的政治优势转化为全面推进乡村振兴的发展优势。推进乡村组织振兴,就是要构建农村基层党组织领导下的多元协同系统,这就意味着要在党的领导下,实现对农村基层行政力量、社会力量、市场力量的有机吸纳,激发农村其他各类组织活力,积极探索乡村治理中的全过程民主。品德高尚、能力突出、学识卓越、资源丰富的新乡贤,是沟通基层党委政府、村"两委"、群众和社会力量的重要桥梁和纽带,担当起村情民意的"代言人"、文明新风的"领跑人",从而为乡村带来新的发展契机。另外,由于新乡贤非官方性的角色,使其更加接地气,而他们的个人能力、社会资源和文化背景等优势又增加了其权威性,因此更易于获得村民和政府的认可和信任,在推动构建多元主体共同参与基层治理的体制机制中能够发挥不可替代的权重评价和社会监督作用。

新乡贤组织有利于提升村民自治能力。我国现行政治体制下,基层组织建设特别是农村基层组织建设主要体现为村民自治,即全体村民在共同选举的基础上实行的村"两委"班子在一系列制度监督约束下进行的自我民主选举、民主决策、民主管理、民主监督。现阶段,村委会虽然作

为村民自我管理、自我教育、自我服务的基层群众性自治组织，但在其功能发挥上更倾向于行政组织，加上村干部在能力素养上的局限，不可避免地出现本领恐慌、思想陈旧、理念更新慢等问题，在乡村治理各项事务中也无法较好地发挥自治功能。而村民因为参与乡村自治的主动意识不足、参政议政能力整体不强等，村民自治并没有达到预期效果。新乡贤是乡村自治的协作者，可以通过新乡贤参事会、新乡贤调节服务团、乡贤理事会等新乡贤组织，有效加强村民与乡镇政府之间的信息沟通、协助解决乡村自治中的各种纠纷和矛盾，并能够用自身参与乡村自治事务的实践经验改变村民参与基层治理主体意识不强、治理能力不足的状态。如安庆市宿松县的"金波调解工作室"，以吴金波为首的诸多调解员们义务开设化解群众各种矛盾纠纷的"专家门诊"，有效缓解了基层政府工作的压力，也成为法治、德治、自治"三治"融合的典型示范案例，值得大力推广。同时，也有助于影响村民树立一种观念：在村民自治下，每个村民应积极负责地参与到所有村务事项中去，属于自身事务的一定要自我处理，要自立、自强，一切行为依循法律准则；政府是有限政府，不是"管家婆"，不是什么事情都需要政府去处理。最终逐步提升村民自治意识和自治能力。

乡村组织振兴的目的在于治理好乡村。习近平同志指出："办好农村的事情，实现乡村振兴，关键在党。必须提高党把方向、谋大局、定政策、促改革的能力和定力，确保党始终总揽全局、协调各方。"因此，推进乡村组织振兴，要坚持完善党委领导、政府负责、民主协商、社会协同、公众参与的基层社会治理体系，把握好多元主体各自发挥作用的"度"。新乡贤作为乡村组织振兴的重要内生力量，具有协助村"两委"解决治理能力不足问题的优势，但对于新乡贤和新乡贤组织而言，一定要定位好自己的角色，做到既不越位又不缺位。在新乡贤组织和村"两委"的关系中，村

"两委"是农村基层治理的主要力量,新乡贤组织是治理的辅助力量,因此,要在农村基层党组织的领导下,积极发挥新乡贤组织在乡村组织振兴中的独特优势和作用。

二 新乡贤激发乡村组织振兴的路径

新乡贤作为乡村拥有相当影响力和号召力的特殊人才群体,属于新时代我国乡村振兴的重要社会力量,其将成为乡村发展的内在驱动力,可以说,助推乡村振兴离不开新乡贤的积极参与。充分发挥新乡贤在乡村振兴中的优势,尤其是充分发挥治理型乡贤在新时期乡村组织振兴工作中的独特优势,去应对当前我国乡村所面临的人才匮乏,以及与之相伴随的系列问题是现实需要,也是明智之举。新乡贤参与乡村振兴,关系到党和国家乡村振兴战略的贯彻落实,要充分发挥党的政策优势,着力拓宽新乡贤参与乡村组织振兴的渠道,给予新乡贤参与乡村振兴更多的政策支持,推动形成"党政引领,乡贤出力,群众参与"的实践形式,使新乡贤成为乡村振兴的重要参与者。

第一,多措并举,营造吸引新乡贤回归故里的浓厚氛围。"最是乡音解乡愁",要让新乡贤"回得来""干得好""留得住",在乡村振兴中找到归属感,就要充分重视新乡贤与乡村之间重要的乡情、乡愁纽带。不仅要保护乡村原有建筑风貌和村落格局,留住乡土记忆,留住乡愁,吸引乡贤回归故里,也要注重完善农村公共服务和基础设施,改善农村生态环境,着力打造设施完备、生活便利、生态宜居的乡村环境,更要完善新乡贤保障机制,探索农村土地性质和土地管理制度改革,制定新乡贤权益保障办法。如出台鼓励公职人员"告老还乡""退职还乡"等制度,注重解决乡贤回归后的住房、医疗、养老等问题,以一定的物质和精神保障吸引更多的社会贤达返回乡村,为本地经济社会发展注入新动能。通过日常勤联络、

多关心,如定期召开新乡贤座谈会、邀请常年驻外新乡贤返乡探亲,形成尊重乡贤、重视乡贤、爱护乡贤、信任乡贤的文化氛围,为新乡贤返乡参与乡村振兴创造条件,让其愿意服务和安心服务于乡村振兴。

第二,畅通渠道,搭建新乡贤助力农村基层党组织建设平台。新乡贤不同于传统的乡绅,他们是在现代化进程中接受市场洗礼和社会认可的本土精英,有着乡村社会经济发展亟须的新资源、新思路、新观念,是当前乡村振兴中基层党组织建设非常难得的人力资源。面对当前乡村振兴中遭遇的人才短缺问题,尤其是基层党组织带头人短缺问题,新乡贤返乡正好能够弥补乡村振兴中的人才缺口。新乡贤群体中不仅有懂经营、会管理的致富带头人,还可以从中培养一批政治过硬、甘于奉献的基层干部,改变农村基层党建乏力的困境。引领新乡贤积极向党组织靠拢的同时,也需要建立健全相关制度,如村级后备干部培养制度、新乡贤履职情况定期评估制度,既要支持以村民推荐、组织选拔等方式选拔新乡贤进入村"两委",也要形成将不能胜任职责要求的乡贤清除退出机制。

第三,多方合力,激发新乡贤加入壮大农村集体经济组织力量。集体经济是农村经济发展、实现乡村振兴的重要保障,然而,现阶段不同地区经济发展状况和资源保有量存在差异,一些地区乡村集体经济经营性资产少,集体经济薄弱,集体经济组织引领经济发展能力较弱。而且集体增收来源结构单一、增幅不高,加之集体经济组织不健全,对优秀人才的吸引力不足,人才的缺乏也在一定程度上影响农村集体经济组织的健康有序运行。新乡贤群体中有不少是经商兴业的成功者,引导他们回乡投资创业、嵌入乡村振兴事业,能够为乡村振兴提供有力支持。经过社会主义市场经济洗礼的"财富精英"具有开阔的眼界和格局,拥有丰富的产业经营经验,他们不仅能成为乡村产业融合升级的"领头雁",还能给乡村产业发展提供新思路、新途径、新活力,发挥"智囊团"作用。新乡贤中不乏知识分子和技术人才,他们能为乡村提供新知识和新技术,解决乡村产业发展中的技术难题,提升村民的知识技术水平,提高生产效率,增加农民收入。新乡贤中有拥有雄厚资金和社会资源的企业家,他们有经济实力、经营眼光、人脉资源,可以通过直接投资、招商引资和项目推介等方式发挥自身资源优势,为乡村产业发展提供广泛支持。新乡贤的加入,能够有效改善村办合作社信息闭塞、产品级别低、市场辨识度低等劣势,为农村集体经济组织的健康有序发展开拓思路、壮大力量。

第四,建好组织,优化新乡贤助力乡村基层社会组织作用发挥的路径。新乡贤组织是农村基层社会组织的重要组成部分,作为基层社会组织,主要是为了在农村社区中为新乡贤参与乡村经济社会发展保驾护航。新乡贤组织是当下农村引资引智、凝聚人心、汇聚力量的重要平台,是发挥新乡贤在项目引进、资金回流、企业回迁、信息回传、人才回乡等方面作用的重要渠道。新乡贤运用自身成功经验支持乡村建设,为经济社会发展注入新的活力。乡镇党委政府要在前期调查摸底的基础上,加快建立和完善信息完整、动态管理的乡贤资源库,并指导有条件的村组建立新乡贤组织,特别是建立健全线上、线下相结合的新乡贤联络联谊机制,加强党政领导干部、村民与新乡贤之间的沟通交流,鼓励新乡贤参与家乡各方面建设。对于条件成熟的乡村,可以探索成立新乡贤理事会、矛盾纠纷调解工作室等,并制订村规民约和相关章程,规范引导新乡贤服务乡村经济社会发展。对于尚未形成新乡贤服务乡村基本制度和机制的乡村,可以在摸排本地乡贤资源的基础上,先建立新乡贤联谊会,动员新乡贤根据不同的专业特长和资源优势,探索开展扶贫帮困、文化培育、矛盾化解、慈善公益等各类服务乡村活动,充分发挥新乡贤组织在乡村经济社会发展中的积极作用。

乡村组织振兴,需要人才作为支撑。正如习近平同志所说:"要推动

乡村组织振兴,打造千千万万个坚强的农村基层党组织,培养千千万万名优秀的农村基层党组织书记,深化村民自治实践,发展农村合作经济组织,建立健全党委领导,政府负责,社会协同,公众参与,法治保障的现代乡村社会治理体制,确保乡村社会充满活力、安定有序。"因此,要不断发掘新乡贤力量,充分发挥其在村民自治组织中的积极作用,夯实乡村振兴的组织基石。

▶ 第三节　案例:"24 小时不打烊"书记 与民事调解"专家"

一　姚顺武——为民服务"24小时不打烊"

1985 年,初中毕业的姚顺武便跟着当"赤脚医生"的父亲学艺,成为一名村医。有了一技之长后,他便经营起自己的诊所,由此也成了村里最早的"万元户",因为服务热情且富有责任心,乡亲们对姚顺武赞许有加。2002 年,他高票当选为大茂村党支部书记,然而,当选为大茂村的村支书不能算是一桩"美差"。

"贫困"一度是大茂村的标签。当时的大茂村不仅交通闭塞,并且连个像样的村委会办公场所都没有,甚至村里写通告买张红纸也得村干部自掏腰包……艰苦的条件让许多人对村支书这个职位望而却步。面对他人的退缩,满腔热血的姚顺武决定迎难而上。姚顺武说:"作为一个党员,得有党性,有担当。所以我当了书记后,就逐渐退出了诊所,把所有精力都用在了大茂村的发展和建设上。"当选村支书后,33 岁的姚顺武挑起了振兴大茂村的重担。打开他的每一本笔记本,第一页都写着"在强村富民的道路上,争做一只称职的'领头雁';在服务群众的桩桩事情上,甘当一头忠诚的'孺子牛'。"姚顺武也一直用实际行动践行着这份初心。

过去的大茂村,人均年收入不足 5 000 元,村集体经济经营性收入为 0 元。看到这些景象,姚顺武痛心不已。他深知,自己富不算富,只有全村村民都富裕起来,大茂村才是真正的富裕。于是,他下定决心,要带动村民共同走向富裕。

上任后,姚顺武开始"向内向外"两条腿走路。向内,深入田间地头找出路,种植枇杷树,让坡地变果园。与此同时,为解决村干部办公场所问题,姚顺武还积极筹划建设办公楼,没有钱,自个儿借,没有人力,自己带头当粗工;向外,为江浙等沿海大城市的企业输出剩余劳动力,先后组织 300 多人外出务工经商。

姚顺武的想法很朴实也很实际,大茂村虽然一穷二白,但依托当地特色的农林产品和山清水秀的好底子,将这两者巧妙结合,就一定会走出一条"绿色致富路"。为了更好地带领村民们谋出路、改基建、强产业,2007 年春,姚顺武报读了国家开放大学黄山分校,专攻农林管理类的农业经济管理专业。"一分耕耘一分收获",在国家开放大学学到的知识经验,很快就应用到了他的实际工作中。

这些年,大茂村大力发展枇杷、茶叶、毛竹、农家乐、旅游服务等产业,一步一个脚印,逐渐走出新常态,迎来新发展。经过多年努力,如今的大茂村风光秀丽,在产业兴村、旅游扶贫等项目的带动下,村民们都过上了富而美的好日子。

2020 年,在政府的大力支持和村民们的共同努力下,大茂村终于摘下"贫困帽"。虽然大茂村完成了脱贫攻坚的历史使命,但并不意味着姚顺武就可以"享清福"了。

姚顺武有个外号叫"24 小时不打烊"书记,这个外号背后凝聚的是桩

桩件件的实事、要事:成功调解本村及周边纠纷 300 余件,调解成功率达 99%;探索出"四个一"工作模式,即通过公布一个电话、公开一个邮箱、记好一本日记、发放一张联系卡等方式服务群众;成立全省首个以全国人大代表个人名字命名的"姚顺武综治工作室";积极履行化解纠纷、信访接待等职责任务……无论白天还是黑夜,只要村民有难处,就能快速找到这位"24 小时不打烊"书记、"全天候人大代表"。

"为人民服务不是空话,不是口号,就是我们每天要做的事。"他是这么说的,也是这么做的。身处基层治理的第一线,姚顺武致力于做与群众联系的"连心桥"。20 年来,他全身心投入乡村工作,村民的日子过好了,姚书记的笑容也更多了。一路走来,虽说充满艰辛苦累,但姚顺武觉得一切都是值得的,因为"为守护乡风文明、绿色生态,建设平安中国共同努力"一直是他秉持的人生目标。

二) 吴金波——新乡贤化身"和事佬",当好人民群众调解员

"当初,他们开发商当着大家伙儿的面承诺的,我可以在旁边加盖一间厨房,现在厨房盖好没几天,就因为违建被政府部门拆除了。你说,哪有这样的道理?我的损失怎么办……"2019 年 11 月初的一天,家住宿松县二郎镇的吴某和家人一大早就急匆匆地来到"金波调解工作室",找二郎镇综治中心乡贤调解员吴金波"说理",要求开发商承担违约责任,补偿自己的经济损失。如今,在二郎镇,很多村民和吴某一样,一有矛盾,首先想到的就是"金波调解工作室"。

近年来,随着城镇化、美丽乡村建设的深入推进,涉及征地拆迁、土地权属等方面的矛盾纠纷时有发生。有的矛盾纠纷起因复杂、涉及面广,村民法律知识不足,如果仅仅从法律层面解释处理可能过于简单,如若不慎容易引发群体性事件,单纯依靠镇里现有的工作人员,很难将这些

矛盾全部予以化解处理。而乡贤们地熟、人熟、事熟、面熟,而且德高望重,他们生活在群众中间,为乡亲所信任,对当地各种矛盾纠纷掐得准"脉",也能及时开出化解"良方"。

年逾六旬的吴金波,20多岁就加入乡里成立的治安小分队,也就是从那时起,他接触了调解工作,掌握了很多的调解工作技巧。后来他在二郎镇经商,并被推选为二郎商会会长,沟通协调能力进一步得到提升。在当选二郎村党支部书记之后,吴金浓调解矛盾纠纷的经验更足了,并摸索出了一套自己的调解方法。"深入调查、耐心沟通、友好协商、以案普法。"指着张贴在办公室墙壁上的"金波调解工作'四法'",吴金波说,处理任何一起纠纷,不能听一面之词,要深入调查,及时掌握第一手材料,对矛盾纠纷的起因、问题的症结、双方的诉求、各自的责任等做到心中有数,在全面掌握情况后,再跟当事双方进行沟通,以情感人,以理服人,使双方的分歧逐步消化、意见得到统一。

如今,身为"金波调解工作室"首席调解员的吴金波,成了二郎镇出了名的民事调解"专家",他凭借着较强的群众工作能力和丰富的调解工作经验,对当地各种矛盾纠纷总能掐得准"脉"、找得着"根"、摸得着"门",一件件关于社会稳定的曾经难以化解的矛盾纠纷,都在他手上迎刃而解,基本上做到小事不出村、大事不出镇。

吴金波说,成为一名让人民群众信任的调解员,最重要的是,要一身清白,在生活作风、工作作风上要过硬。当然,还要有顽强的毅力和韧性,要有耐心去引导群众、说服群众。

在当地老百姓心中,"金波调解工作室"就是家门口的"专家门诊",遇到矛盾和纠纷,就找"金波调解工作室"。据了解,二郎镇"金波调解工作室"自2019年成立以来,共调处各类矛盾纠纷近百起,调解成功率达100%,真正做到了为党委政府分忧,为当地百姓解难。

　　"金波调解工作室"是宿松县坚持和发展新时代"枫桥经验"的一个缩影,切实把各种矛盾纠纷解决在基层,消除在萌芽状态,达到了"办事不出村、有事当日办"的效果,提升了群众获得感和幸福感。宿松县持续推广"金波调解工作室"经验,依托县综治中心工作平台,将"乡贤调解工作室"覆盖至全县每个乡镇,并不断完善群众参与基层社会治理的制度化渠道,基本形成在党组织领导下自治、法治、德治相结合的乡村治理体系,更好地实现基层善治,有力促进了社会大局和谐稳定。

参 考 文 献

[1] 费孝通.乡土中国[M].上海:上海人民出版社,2007.

[2] 钱再见,汪家焰."人才下乡":新乡贤助力乡村振兴的人才流入机制研究——基于江苏省 L 市 G 区的调研分析[J].中国行政管理,2019(2):92-97.

[3] 刘芳,孔祥成.乡贤治村:生成逻辑、实践样态及其完善路径[J].江海学刊,2020(6):116-123.

[4] 滕常勇,李朋.以组织振兴推动乡村全面振兴的问题与对策探究[J].农村经济与科技,2020,31(8):225-226.

[5] 王亚民.现代乡贤与乡村振兴——基于乡贤回乡的"上虞现象"的研究[J].晋阳学刊,2020(5):94-99.

[6] 高万芹.乡贤型顾问:新乡贤参与村干部队伍建设的功能与机制研究——以湖北省 Z 村为例[J].天津行政学院学报,2021,23(4):55-65.

[7] 李建民,李丹.乡贤资本返乡与乡村产业振兴的新路径[J].中国集体经济,2021(12):15-16.

[8] 魏丹,张目杰,梅林.新乡贤参与乡村产业振兴的理论逻辑及耦合机制[J].南昌大学学报(人文社会科学版),2021,52(3):72-80.

[9] 许源源,邓敏.农村公共文化服务供给中新乡贤的作用研究——一个"双层认同与行动模型"的分析框架[J].东北大学学报(社会科学版),2021,23(2):48-55.

[10] 孔新峰,齐高龙.推进新乡贤融入农村基层治理的思考[J].北京行政学院学报,2022(1):40-46.

[11] 刘芙,高珍妮.乡村人才振兴的现实困境及对策——以高素质农民培育为

视角[J].农业经济,2022(7):110-111.

[12] 王琼.乡村振兴背景下新农村生态文明建设研究[J].南方农机,2022,53
(11):110-112.

[13] 吴洪涛.绿色发展理念下提升乡村生态振兴工作实效的多维路径[J].智慧
农业导刊,2022,2(15):138-140.